성공을 부르는 창업법칙 7

돈 잘 버는 사업가 깡통 차는 장사꾼

성공을 부르는 창업법칙 7

돈 잘 버는 사업가 깡통 차는 장사꾼

초판 1쇄 2012년 5월 14일
　　2쇄 2012년 6월 14일

지은이 MBN미디어

펴낸이 윤영걸　**담당PD** 이지현　**펴낸곳** 매경출판㈜

등　록 2003년 4월 24일(No. 2-3759)

주　소 우)100-728 서울 중구 필동1가 30번지 매경미디어센터 9층

전　화 02)2000-2610(편집팀) 02)2000-2636(영업팀)

팩　스 02)2000-2609　**이메일** publish@mk.co.kr

인쇄·제본 ㈜M-print 031)8071-0961

ISBN 978-89-7442-818-1

값 13,000원

돈 잘 버는 사업가 깡통 차는 장사꾼

MBN미디어 지음

매일경제신문사

창업 속 기업가정신을 엿보다

소상공인에서 기업가로

대한민국 경제사에 한 획을 그은 대표적인 인물을 꼽으라 한다면 단연코 재벌그룹의 창업주를 꼽을 수 있겠다. 삼성그룹을 일군 고(故) 이병철 회장, LG그룹을 일군 고 구인회 회장, 현대그룹을 일군 고 정주영 회장 모두 역사의 한 획을 그은 인물들이다. 그들은 모두 일제 치하의 암흑기에 사업에 투신해 숱한 역경을 딛고서 한국 최고의 기업을 일궈냈다. 그 결과 부와 명예를 거머쥐었고, 그 기업들은 오늘날 전 세계에 이름을 알리는 최강의 기업으로 성장하며 대한민국 대표 기업이 되었다.

이들의 성적표는 실로 세계경제를 뒤흔들 만큼 위협적이다. 2011년 삼성은 세계 상위 브랜드 중 12위를 차지했고, LG는 가전제품 부문에서 월풀, 일렉트로룩스에 이어 세계 3위의 점유율을 기록했다. 또한 현대자동차는 자동차 판매로 세계시장의 다섯 손가락 안에 드는 최강 기업이 되었다. 이들 기업의 화려한 성적표는 이미 전 세계인의 부러움을 산지 오래다. 이들의 성공 비결을 배우기 위해 세계 각국의 기업에서 벤치마킹 행렬이 이어지고 있기도 하다. 아무리 국내에서 반기업정서가 팽배하다고 해도 이러한 세계인들의 시각을 접한다면 가슴 한편에서는 뿌듯함이 이는 것도 사실이다. 세계적인 대한민국의 위상에 그 기업들의 공로를 인정하지 않을 수 없는 것이다.

특히 우리가 더더욱 짚고 넘어가야 할 대목이 있다. 바로 이들 기업의 과거로 돌아가 최초의 시작점을 바라보는 일이다. 이들 그룹이 지금은 세계적인 기업으로서 화려한 시대를 구가하고 있지만, 긴 세월을 거슬러 돌이켜보면 이들에게도 아주 작은 소상공인의 시절이 있었다.

먼저 삼성그룹 창업주인 고 이병철 회장을 보자. 그는 26세 때인 1936년 지인 2명과 함께 1만 원(圓)씩 출자해 경남 마산에 협동정미

소를 차리면서 사업에 첫발을 내디뎠다. LG그룹의 창업주인 고 구인회 회장은 1931년 진주에서 구인회상점을 설립해 동생과 함께 포목상으로 사업을 시작했다. 현대그룹 창업주인 고 정주영 회장도 별반 다르지 않았다. 쌀가게 점원으로 일하다 24세 때인 1938년 신당동에 사글세로 가게를 얻어 경일상회라는 쌀가게를 창업한 것이 첫시작이었다.

　이렇듯 세 기업가의 소박한 출발, 이른바 소상공인(小商工人)으로 시작한 점은 매우 흥미로운 사실이다. 성공한 이들이 원래부터 위대한 기업가였던 것도, 처음부터 엄청난 규모의 건물을 세우고 사업을 시작했던 것도 아니라는 점을 확인할 수 있기 때문이다. 반대로 보면 이는 누구나 그들처럼 될 수 있다는 희망을 품게 하는 중요한 요소라 하겠다.

그렇듯 앞으로 본문에서 등장하게 될 CEO들도 모두 소상공인으로 시작한 기업가들이다. 그들은 모두 작은 점포 하나로 창업해 기업을 일궈냈고, 또 기업가로 성장했다. 일례로, 토종 커피전문점으로 커피 시장을 석권하고 있는 카페베네는 김선권 대표가 천호동 길목의 작은 가게로 시작했다. 그는 카페베네 창업 초기, '커피빈의 짝퉁이냐'는 비아냥을 듣기도 했지만, 차별화된 메뉴와 마케팅을 발판으로 오늘에 이르렀다. 그 결과, 2011년 기준 2,000억 원대의 매출을 올렸으며 뉴욕에 한국 토종 브랜드 커피전문점을 오픈했다. 최

카페베네 김선권 대표

근에는 이탈리안 레스토랑을 새롭게 시작하고 있기도 하다.

대학로 뒷골목에 아주 조그맣게 죽전문점을 창업한 것을 시작으로 1,000여 개의 가맹점을 일궈낸 본죽의 경우도 마찬가지다. 본죽을 창업한 김철호 대표는 창업컨설턴트 시절, 죽전문점 창업을 주변에 권유하다가 선뜻 나서는 이가 없자 스스로 창업에 나섰다. 이것이 지금의 본아이에프의 성장으로 이어졌다. 김철호 대표는 죽전문점의 성공을 발판으로 비빔밥, 불고기, 국수, 도시락 등의 브랜드를 속속 런칭하면서 4,000억 원대의 매출을 올리고 있다.

본아이에프 김철호 대표

시장을 바꾸는 아이디어

무엇보다 성공적인 창업에서 빼놓을 수 없는 것은 기존의 시장에서는 볼 수 없었던 아이디어가 성공의 가장 큰 발판이 되었다는 점이다. 앞으로 본문에서 소개하게 될 사례인 '스쿨뮤직'의 예를 보자. 스쿨뮤직은 온라인 악기 쇼핑몰로 출발해 오프라인 가맹점까지 운영하고 있는 악기 판매점이다.

이곳을 운영하는 안정모 대표는 처음 온라인에서 악기 판매를 시작할 당시 주변에서 미쳤다는 소리를 듣곤 했다. 누가 온라인으로 악기를 사느냐는 비난이 들끓었던 것이다. 그러나 결과는 정반대였다. 오프라인에서 악기를 살 때보다 투명한 가격에 악기를 살 수 있고, 사용자가 악기를 받자마자 사용할 수 있도록 조율을 비롯한 세팅 서비스를 함께 제공해 큰 호응을 얻었다.

이를 발판으로 2009년부터는 단순히 악기를 중간 유통하는 판매자에서 자신만의 브랜드를 단 '코로나' 기타를 만들어내기 시작했고, 온라인 판매뿐만 아니라 오프라인 판매도 늘려갔다. 2011년에 가수 아이유 기타로 유명해진 핫핑크 컬러의 기타로 또 한번 유명세를 타고 있기도 하다.

처음 쇼핑몰을 운영할 당시 2만 원대의 작은 드럼연습용 소품을 판매하는 것이 전부였지만, 이제는 연간 120억 원대의 매출을 올릴 만큼 성장하고 있다. 그는 악기 판매점의 프랜차이즈도 생각하고

스쿨뮤직 사이트(www.schoolmusic.co.kr)

있을 정도다. 그만의 독창적인 아이디어가 새로운 시장을 열었고 그에게 성공도 가져다주었던 것이다.

가수에서 MC, DJ 등으로 큰 인기를 누리던 연예인에서 기획자로 변신한 이수만 회장의 예도 그렇다. 그는 많은 사람이 알고 있듯 1990년대부터 현재에 이르기까지 H.O.T, 보아, S.E.S, 동방신기, 소녀시대 등 굵직한 아이돌 스타를 발굴하고 키워내면서 지금의 SM 엔터테인먼트를 일궈냈다.

그가 오늘과 같이 대형 연예 기획자로 성공할 수 있었던 첫걸음은 1980년대 떠난 미국 유학길이었다. 유학 중에 접한 미국의 스타 발굴 시스템에서 얻은 아이디어가 발단이 되었다. 당시 미국에서는 스타 발굴을 전문으로 하는 기획사가 급속도로 생겨나고 있었다. 주먹구구식이었던 한국의 음악, 연예 산업을 직접 체험했던 그로서는 미국의 전문화된 시스템을 보며 적잖은 충격을 받았다. 더욱이 당시 막 방송을 시작한 MTV를 보면서 마이클 잭슨이 단숨에 세계적인 스타로 부상하는 것도 지켜본 그였다.

반면 당시 한국에서 가수의 꿈을 가진 젊은 청춘들이 기댈 곳이라고는 몇몇 가요제 외에는 달리 방법이 없었다. 또한 가수로 데뷔해 인기를 얻는다 해도 가수는 그다지 돈을 벌지 못하는 불합리한 구조를 가진 것이 우리의 현실이었다. 그는 '우리나라도 바뀌어야 한다'는 간결하고도 강렬한 생각을 하게 되었다. 유학을 마치고 한국에 돌아온 후, 몇 년의 준비 끝에 SM엔터테인먼트를 설립하게 된다. 이때가 1995년이었다.

그는 한국 음악 시장을 재편하기 위한 스타 발굴 시스템을 국내 최초로 도입했다. 그렇게 발굴해낸 스타가 바로 1990년대 후반을 풍미했던 역대 최고의 아이돌 그룹 H.O.T였다. 이를 시작으로

S.E.S, 신화, 보아, 동방신기, 소녀시대 등으로 이어지며 '불패의 신화'를 만들어냈다. 이는 '이수만이 만들면 된다'라는 새로운 시장의 룰도 만들어냈다. 그는 연예인 출신의 주식 부자 사업가로도 유명세를 날리고 있다.

이처럼 아이디어가 돋보이는 창업의 예는 수도 없이 많다. 그런데 이러한 아이디어를 사업적으로도 성공하고 성장시켜가는 이들에게는 한 가지 공통점을 발견할 수 있다. 그것은 바로 기업가정신이다.

성공의 열쇠, 기업가정신

창업주들은 소위 '기업가정신'으로 똘똘 무장한 사람들이다. 비록 각자가 살아온 환경, 창업 동기, 경영방식 등은 모두 다르지만, 더욱 큰 틀에서 살펴보면 성공하는 이들에게는 공통적인 마인드가 분명히 존재하고 있다. 바꾸고 말겠다는 실행력, 지고 못사는 정신력, 반드시 배운다는 학습력이 바로 그 공통점이다.

만약 이수만 회장이 미국의 음반 시장과 공연문화를 보고 '아,

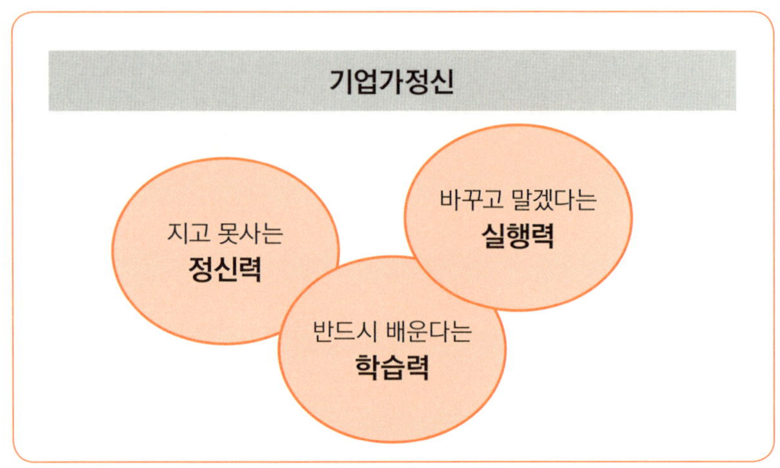

정말 멋지다'라고 생각하는 데 그쳤다면 지금의 이수만 회장과 지금의 SM엔터테인먼트가 있었을까? 아니다. 아무리 낯설고 생소한 것이라도 "그래, 바로 내가 한번 해보자!"라는 도전정신으로 덤볐기 때문에 가능했던 일이다.

두말하면 잔소리인 기업, 삼성그룹의 이야기를 해보자. 1993년 이건희 회장은 독일 프랑크푸르트에서 삼성 경영진에게 '마누라와 자식만 빼고 다 바꿔라'라는 신경영 선언을 했다. 지금도 회자하는 이 선언은 삼성그룹의 재도약을 상징하는 말이기도 하다. 이를 계기로 삼성은 기업이 살아가는 전반적인 방식을 바꾸었고, 직원들은 그야말로 뼈를 깎는 고통을 견뎌야 했다. '투자가 늦으면 영원히 후발주자다'라는 위기의식 속에서 삼성은 첨단기술 분야에 대한 대대적인 투자에 나섰고, 철저한 변화와 혁신을 거치며 결국 초일류 기업의 선봉장이 됐다.

사실 많은 기업의 성공 이면에는 숱한 실패가 숨어 있을 것이다. 성공만을 집중적으로 조명했을 뿐이다. 실패와 시행착오를 넘지 않은 성공은 없다. 그러나 기업가정신을 갖춘 경영자들은 사업을 하면서 만나는 수많은 난관에도 굴하지 않고 "그래! 네가 이기나 내가 이기나 한번 해보자!"라며 두 주먹 불끈 쥐고 세상과 담판지어 보겠다는 자세로 도전에 도전을 거듭한다. 실패가 이어지더라도 그것을 성공의 한 과정으로 받아들이고 끝까지 집요하게, 그야말로 될 때까지 파고드는 집념의 정신을 발휘한다. 이러한 정신들이 있었기에 지금의 위대한 기업가가 존재하고 있는 것이다. 이것이 바로 기업가정신이요, 이 기업가정신이 큰 성공을 일구었다.

이러한 성공을 일구어낸 CEO들의 사례는 이들 외에도 우리 사회 곳곳에서 찾아볼 수 있다. 이들에게는 공통적인 성공 비결을 찾을 수 있는데 이는 다음의 일곱 가지 법칙으로 귀결된다.

첫째, 창업의 꿈을 꾼다, 둘째, 유망 사업 아이템을 발굴한다, 셋째, 고객이 놀랄 만한 제품을 개발한다, 넷째, 전략적으로 1호점을 개발하고 마케팅한다, 다섯째, 발품영업을 생활화한다, 여섯째, 사업 아이템을 확장한다, 일곱째, 창조적인 기업문화를 만드는 것이다.

이러한 일곱 가지 법칙은 창업을 꿈꾸는 사람에게는 시행착오를 최소화하는 방법을 제공하고, 이미 회사를 운영하고 있는 사람에게는 한 단계 성장하는 경영을 하도록 도와줄 것이라 믿는다. 앞으로 그 내용을 자세히 살펴보도록 하자.

Contents

Step **01:**
Dream

위대한 창업의 꿈을 꾸다

창업의 두려움을
타파하라

창업(創業)이란 무엇인가? 이는 왕조를 세우는 것과 비견될 수 있는 엄청난 일이다. 쉽게 설명해보자. 역사에서 왕조를 세우기 위해서는 굉장한 혼란과 고통, 피의 응징이 이어진다. 성공하게 되면 새로운 왕조가 들어서지만 만약 실패하게 되면 주동자를 비롯한 측근들은 역적으로 몰려 죽음을 맞게 된다. 이는 기업의 창업에서도 마찬가지다. 창업 과정은 예기치 않은 돌발상황들이 벌어지고 각종 위기를 맞게 된다. 혹여 실패하게 되면 가산을 탕진하게 되는 것은 물론이고 폐인으로 전락하기 십상이다. 그만큼 어렵고도 낮은 성공률의 일이다. 그러니 창업을 도모한다는 것은 매우 큰 용기가 필요한 일이다.

더구나 나라나 왕조의 시작이란 무엇인가? 누구도 가지 않은 새로운 길을 가는 것이고, 새로운 생명을 시작하는 것이다. 후삼국을 통일해 고려를 건국한 태조 왕건, 조선 건국 신화의 주인공인 태조 이성계 모두 새로운 국가를 세우고 새로운 역사의 생명을 시작했다. 너무 거창한 비유 같지만 이는 창업에서도 마찬가지다. 고 이병철 회장, 고 정주영 회장 등의 창업 과정도 이와 다르지 않았을 것이다. 그들 모두 아무것도 없던 땅에 국가라는 새 생명을, 기업이라는 새 생명을 불어넣은 주인공들이었다.

그렇듯 사업을 시작하는 것은 엄청난 일이다. 그리고 매우 두려운 일처럼 느껴지기도 한다. 가진 돈이 많아도 시작이 어렵고, 가진 돈이 없어도 어렵다. 가진 돈이 많으면 잃을까 두려운 탓에, 가진 돈이 없으면 시작을 어떻게 해야 할까 막막한 탓에 그렇다. 만약 당장 삶을 영위하는데 아무 문제가 없고 안정적이라면 더더욱 그렇다.

안정된 직장 생활을 하고 있다고 해보자. 매달 월급날이 되면 꼬박꼬박 통장에 들어오는 돈과 당장 안정된 생활을 생각하면 창업은 엄두조차 나지 않는 일이다. 이를 포기하고 창업에 대한 꿈을 꾼다는 것 그 자체가 아주 위대한 일인지도 모른다. 엄청난 도전이기 때문이다. 아무리 용기가 출중한 사람이라도 새로운 도전에 두려움을 갖지 않는 사람은 없다. 90%의 성공확률을 보장받는다 해도 10%의 실패확률은 사람을 움츠리게 하는 법이다.

도전이란 그 실패의 두려움을 딛고서 나아갈 때 비로소 시작된다. 우리는 흔히 큰 성공을 거둔 이들을 볼 때 그들의 화려한 성공만을 본다. 하지만 성공 이면에는 매우 많은 도전과 실패가 있기 마련이다. 성공한 이들은 불확실성의 두려움을 이기고 도전하며, 도전 후에 혹여 실패하더라도 주저앉지 않고 제2, 제3의 도전을 끊임없이 해나가면서 성공확률을 높여간다.

물론 이는 지극히 평범한 이론이요, 사실이다. 이러한 평범한 진리를 모르는 이가 어디 있으며, 몰라서 못하는 이가 어디 있겠는가? 단지 알면서도 시도하지 않는 이들이 대다수인 것뿐이다. 그저 두려움을 이기고 시도하는 일부의 사람들이 성공의 문 앞에 가깝게 다가선 것이다.

그렇듯 창업은 머릿속에 있는 막연한 생각과 꿈만으로는 절대 시작할 수 없다. 머릿속에 둥둥 떠다니기만 하는 창업의 꿈을 실제

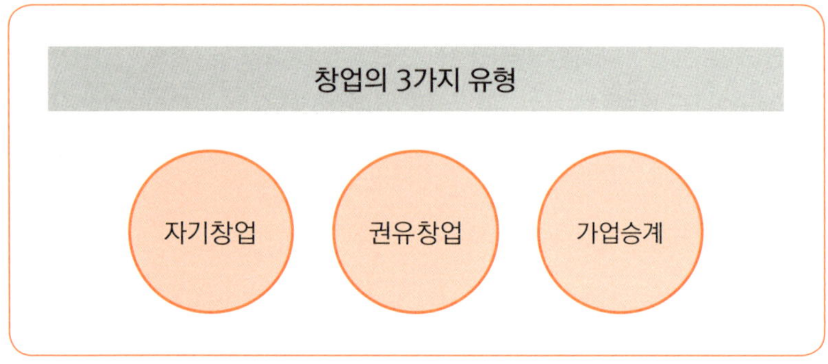

로 이루기 위해서는 우선 자신이 가지고 있는 두려움들을 모두 떨쳐내야 한다. 나라를 세우는 데 실패하게 되면 죽는 것은 당연하다. 사업을 시작했다가 실패하면 돈을 잃는 것도 당연하다. 결국 죽음의 두려움, 실패의 두려움과 과감히 맞서고 타파하는 자만이 나라를 세울 수 있고 사업도 할 수 있다.

이와 같은 두려움을 이겨낸 도전, 창업에 나서게 되는 경우는 흔히 세 가지 유형으로 구분된다. 첫째는 자기 스스로 창업한 경우, 둘째는 주변의 권유로 창업한 경우, 셋째는 가업을 승계해 경영을 이어받은 경우다.

이 세 가지 유형은 다시 말해 창업의 출발점을 의미한다. 누구의 의지든 간에 선택은 자신의 의지에서 출발하는 것이므로 출발점의 형태가 책임의 경중을 다르게 하지는 못할 것이다. 창업을 결정하면 이를 추진하고 성과를 내기까지의 과정은 결국 자신의 몫이기 때문이다. 세 가지 유형에 대한 구체적인 설명은 다음에서 자세히 살펴보도록 하자.

자기 스스로 창업하다

자기 스스로 창업에 뛰어든다는 것은 스스로 시장을 발견하고 개척하는 것을 의미한다. 필자는 이러한 용단을 내릴 수 있는 이들은 분명히 특별한 혜안을 가진 것이 틀림없다고 믿는다. 시장을 발견하고 자신의 재능을 접목하는 도전과 용기를 가졌기 때문이다. 그렇다면 될성부른 시장의 발견은 어떤 계기로 하게 될까?

본아이에프 김철호 대표의 예를 살펴보자. 바야흐로 1999년, 그는 죽전문점을 창업하기 전 외식업 창업 컨설팅 회사를 운영하며 컨설턴트로 활약하고 있었다. 컨설턴트의 안목으로 당시 그가 유력

한 시장으로 전망한 것이 바로 죽전문점 시장이었다. 웰빙 콘셉트가 도래하고 있고, 건강에 대한 관심이 높아지는 트렌드와 맞물려 머지않아 '죽'이라는 아이템이 외식 시장에서 뜰 것이란 예감이 강하게 밀려왔다. 하지만 그는 본인이 창업하겠다는 생각을 하기보다는 사람들에게 창업 아이템으로 권하는 것이 먼저였다. 컨설턴트로서 유망한 아이템을 발굴하는 것이 본분이라 믿었기 때문이었다. 그러나 그의 제안에 대한 사람들의 반응은 기대와 달랐다.

"죽전문점이요? 에이, 그게 되겠습니까? 누가 죽을 사 먹어요? 죽 시장은 그야말로 죽은 시장이라고요. 될 수가 없습니다!"

당시만 해도 사람들 인식 속의 '죽'이란 '아픈 사람들이 먹는 것', '먹으면 금방 배가 꺼지는 음식'이라는 인식이 강했다. 흔히 무언가 일을 그르쳤을 때에도 '죽 쒔다'라는 표현을 쓰는 것처럼 죽에 대한 인식은 그다지 밝지 못했던 것이다. 그러나 컨설턴트로서의 직감에서 죽전문점은 결코 포기할 수 없는 아이템이었다. 결국, 고민 끝에 김철호 대표는 자신이 직접 죽전문점을 차리겠다는 결심을 하기에 이른다. 죽에 대한 편견을 깨고 호감을 불러 모은다면 충분히 승산이 있을 것으로 생각했다.

죽이란 음식이 꼭 아픈 사람을 위한 음식이 아니라 건강한 사람들의 건강식으로 이미지를 바꾸도록 새로운 메뉴를 개발하고 한 끼 식사가 너끈히 될 수 있도록 충분한 양을 제공한다면 죽도 괜찮은 외식 아이템이 될 것이란 판단이었다. 이와 같은 강한 확신은 그를 스스로 창업하도록 이끌었다. 그리고 이러한 작은 씨앗은 오늘날 1,000여 개의 가맹점으로 늘어나며 대한민국에 죽 전성시대를 열었다. 어쩌면 그는 지금쯤 다행이란 생각을 하고 있을지도 모를 일이다. 사람들의 거절 덕분에 직접 창업에 나섰고, 그것이 계기가 되어 지금처럼 큰 성공을 거두었으니 말이다.

성공적인 프랜차이즈의 또 다른 사례로 꼽히는 '아딸'의 경우도 남다른 안목으로 색다른 분식 시장을 개척한 예로 볼 수 있다. '아딸'이란 아버지가 만든 튀김, 딸이 만든 떡볶이란 의미에서 비롯된 상호로, 2000년 아주 우연히 창업에 나선 것이 오늘에 이르렀다.

당시 이경수 대표는 목회자를 꿈꾸던 전도사로 아버지가 이끌던 개척교회에 몸담고 있

아딸 매장 모습

었다. 교회 운영에 필요한 자금 마련이 시급했던 그는 창업에 나섰고, 이때 선택한 것이 분식점이었다. 그는 30년간 경기도 문산에서 튀김집을 운영하던 장인어른에게 SOS를 요청하고 아내와 함께 튀김과 떡볶이로 특화된 분식점을 창업했다. 길거리 음식, 저급의 군것질로만 인식되던 튀김과 떡볶이를 청결하고 최상의 서비스를 곁들인 메뉴로 특화하면서 그만의 시장을 개척해갔다. 특히 자신만이 만들 수 있는 특별한 튀김가루와 떡볶이 소스로 맛에서도 크게 차별화를 이뤘다.

떡볶이 맛을 담당하던 이경수 대표의 아내는 스튜어디스처럼 정돈된 제복을 입고 손님들에게 떡볶이를 제공했다. 떡볶이 손님에게는 어묵을 서비스로 제공하고, 튀김 손님에게는 떡볶이를 맛보기로 제공하면서 부지런히 맛 알리기를 시도했다. 막연한 손맛에 의존한 떡볶이 맛이나 튀김 맛이 아니라 표준화하고 계량화된 레시피를 구축하면서 2호점과 3호점이 생겨날 날을 대비했다. 그리고 이것은 정확히 11년 후 900개의 가맹점으로 늘어나는 작은 씨앗이 되었다.

한편으로는 어린 시절의 작은 추억이 창업의 계기가 된 주인공도 있다. 바로 유황오리전문업체 유성농산을 운영하고 있는 이춘길 사장이다. 전북 정읍의 한 시골마을 출신인 그는 어린 시절 시골 장터에서 어머니를 졸라 열 마리의 오리 새끼를 사서 키우며 오리와 첫 인연을 맺었다. 당시 어린 나이였지만 오리 사육에 제법 재주를 보였던 그는 금세 오리전문가로 동네에서 소문이 날 정도였다. 물론 당시에는 이러한 인연이 훗날 사업으로 이어지리란 생각은 전혀 하지 못했다.

그런데 어찌 된 우연인지 그는 IMF 외환위기로 위기에 처했을 당시, 어린 시절 접했던 오리를 사업화해야겠다고 마음먹었다. 그의 나이 38세 무렵이었다. 우연히 읽은 책에서 유황오리가 민간요법에서 중요한 약재로 쓰이고 있으며, 암 치료에도 매우 중요한 역

유성농산 유황오리 사육장

할을 한다는 것을 읽고 난 직후였다. 그는 눈이 번쩍 뜨이는 것 같은 기분이었다. 마치 오래전부터 예정된 일이었던 것처럼 유황오리 사업을 시작하기로 했다. 이미 닭고기 시장은 포화상태였지만 오리고기 시장은 성장 가능성이 매우 큰 미개척의 시장이었다. 여기에 건강보조기능을 하는 유황오리를 접목한다면 더욱 효과가 있을 것으로 보았다.

토종 커피전문점 브랜드로 외국산 브랜드를 제치고 가맹점 확보수 1위를 차지하고 있는 카페베네의 시작은 불과 4년 전 김선권 대표의 우연한 창업에서 시작했다. 어린 시절, 가난이 몸에 뱄던 그는 항상 '돈 버는 사업가'가 되겠다는 꿈이 컸고 20대 때부터 프랜차이즈 사업을 시작하며 제법 큰 성공을 거두기도 했다. 그는 1997년 국내 최초 오락실 프랜차이즈 '화성침공'을 시작으로 왕삼겹닷컴(삼겹살), 행복추풍령(감자탕) 등을 연이어 성공시켰다. 그리고 2008년에 오픈한 카페베네에 이어 2011년에는 이탈리안 레스토랑 블랙스미스까지 론칭시키면서 프랜차이즈 전문기업인으로 발돋움했다.

그가 카페베네를 론칭할 당시 커피전문점은 포화상태였고 시장에 진입하기에는 너무 늦었다는 지적이 많았다. 하지만 그는 그러한 레드오션 속에서도 결국엔 블루오션을 찾아내 승부수를 걸게 된다. 그것이 바로 지금의 카페베네를 대표하는 '복합문화 공간', '디저트 카페'라는 콘셉트였다.

또 다른 사례, 누리플랜 이상우 회장의 예를 들어보자. 그는 건물 외경이나 조형물, 한강 다리 등의 야간조명을 통해 디자인하는 경관조명 사업 등을 펼치고 있다. 1980년대 후반, 단돈 1만 5,000원을 들고서 고향에서 상경했던 그가 지금과 같은 기업을 일구리라고는 그조차도 처음엔 상상하지 못했다. 그러나 우연히 시작하게 된 건축영업에서 탁월한 능력을 발휘했고 그것이 계기가 되면서 그는 건설 시장에 눈을 뜨게 된다.

이는 창업의 실마리가 되어 건축자재 납품업으로 조그맣게 회사를 만들게 되고, 그는 건설현장을 가리고 보호하는 펜스 제조를 시작하며 사업을 확장해갔다. 시장 개척을 통한 스스로의 창업은 업계 최초의 EGI펜스(전기아연도금강판, Electrolytic Galvanized Iron) 제조, 불모지였던 경관조명 사업의 시작 등으로 이어지며 오늘에 이르고 있다.

지금까지 설명한 사례에서 보듯 스스로 창업자들의 공통점은 바로 자신이 잘하는 것, 본인이 확신하는 사업 아이템에서 아이디

누리플랜이 시공한 경관조명(위: 부산 광안대교, 아래: 서울 선유도)

어를 얻어 창업에 도전해 성공을 거두었다는 점이다. '나는 이 사업을 꼭 하고 싶다!'라던가 '이건 정말 되는 사업이다!'라는 마음이 저절로 우러났기 때문에 그야말로 사업을 하지 않고서는 배기지 못하는 상황이 되었다. 그것은 창업의 열정으로 피어났고, 성공의 기반이 되었다. 이렇게 스스로 창업자들은 마음속 깊이 열정과 확신으로 자신이 몸담은 분야에서 꿋꿋하게 한 우물만 파면서 CEO로서의 역량을 스스로 다진 사람들이라 할 수 있다.

주변의 권유로
창업하다

창업의 계기가 언제나 본인의 혜안에서만 비롯되는 것은 아니다. 나 자신을 객관적으로 보는 주변의 판단과 권유가 나의 판단과 결단보다 더욱 정확하고 빠를 때가 있다. 이럴 때 하게 되는 것이 바로 주변의 권유에 의한 창업이다.

선식전문기업 태광식품을 창업한 김도백 사장은 원래 제약사에 근무하던 영업맨이었다. 그런 그에게 한 지인은 방앗간 수준의 작은 제분공장을 인수하라는 권유를 해왔다. 평소 영업활동을 하던 그에게서 어떤 사업가적 재능을 발견했던 것인지, 그는 지인의 권유에

생각지도 않게 사업을
시작하게 되었다.

큰 고민 없이 시작
한 사업이었지만 그는
마치 준비된 사업가처
럼 제분공장의 차별화
전략을 찾으며 운영해
나갔다. 당시만 해도 미
숫가루는 집집이 직접

태광식품

말린 보리밥과 몇 가지 곡물을 섞어 방앗간으로 가져와 빻아가는
식으로 만들어 먹는 일이 다반사였다. 그는 이를 직접 상품화한다
면 새로운 시장을 열 수 있겠다는 확신이 들었고, 그 즉시 새로운
상품 개발에 착수하게 된다. 젊은 시절, 제약회사 영업으로 잔뼈가
굵었던 그는 어깨너머로 배운 영양학에 대한 지식을 여기에 적용해
오늘의 선식제품을 개발할 수 있었다. 현재 200억 원 규모의 매출
을 올리고 있는 태광식품의 모태는 정말이지 아주 작은 방앗간으
로부터 비롯된 것이다.

은박 일회용품을 생산하는 길천물산의 안희규 사장은 거래처

의 한 바이어가 권유해 사업에 발을 들여놓게 됐다. 대우에서 수출입 관련 업무를 담당하던 안희규 사장은 일본 바이어로부터 양초 수출이 사업성이 있으니 한번 해보라는 권유를 받게 된다. 당시 선진국에서는 장식용 양초 사업이 호황을 누리고 있었지만, 우리나라에는 제대로 된 양초 시장이 형성되어 있지 않았던 때였다.

안희규 사장은 이것이 바로 기회라고 직감했다. 사업 성공의 지름길은 남들이 하지 않는 것을 남들보다 빨리 시도하는 것에 있다고 생각했기 때문이다. 평범한 샐러리맨에 불과했던 그는 양초 사업을 시작으로 숨겨진 사업가 기질을 마음껏 발휘하며 지금의 길천물산을 만들어냈다.

길천물산 은박 생산현장

김도백 사장과 안희규 사장의 내용에서 보듯 주변의 권유가 창업으로 이어졌지만, 이들에게는 남다른 시장을 발굴하고 개척하는 사업가적 기질이 잠재해 있었다. 이것이 우연을 필연적인 성공으로 이어지도록 했다. 그들에게는 '이 아이템이 앞으로 뜨겠구나!'하는 시장의 흐름을 읽을 줄 아는 능력과 일사천리로 일을 밀어붙이는 추진력이 뒷받침되어 있었던 것이다.

음식문화와 도자문화를 결합해 고급화된 한식 시장의 개척에 앞장서는 광주요의 조태권 대표 역시 처음에는 도자 사업에 큰 관심이 없었다. 1970년대, 상사맨들이 세계 시장을 누비며 산업역군으로 수출 산업을 일구던 시절, 그는 방위 산업에 뛰어들었고 이를 계기로 큰 돈을 모으기도 했다.

그때까지 도자 사업을 이끌던 주인공은 그의 아버지였다. 그러던 어느 날 아버지는 일본에서 조그만 전시회를 개최한 후 작은 여관방에서 쓸쓸히 죽음을 맞이하게 된다. 평생을 한국의 도자 산업을 육성하기 위해 몸바쳐온 아버지의 말로였다. 이 일은 그의 가슴에 작은 한이 되었다. 어머니는 그에게 아버지의 못다한 한을 풀라며 직접 광주요를 맡아 운영해 보라는 권유를 했다.

어릴 적 부모님의 영향으로 다도문화를 익힌 것이 전부였던 그가 도자 사업을 한다니, 어울리지 않는 옷을 입는 것 같은 기분이었다. 그러나 그는 아버지의 뜻이 대체 무엇인지 궁금했다. 결국, 그동안 해왔던 모든 사업을 접고서 도자 사업의 대를 잇기 시작했다. 도자기 제작을 직접 공부하고, 디자인을 연구하며 상감기법을 응용한 차별화된 문양의 도자기를 만들어내기도 했다.

최고급 식기의 개발은 최고급 한식문화의 연구로 이어졌고 지금까지도 그는 사람들로부터 사업적인 마인드보다는 자신의 혼을 태우는 사람이란 평가를 받을 만큼 열정적으로 도자 사업에 헌신하고 있다. 고부가가치의 한식문화로 세계시장을 평정하고, 이를 통해 하부의 새로운 내수 시장을 열어야 경제 부흥에도 효과가 있다

광주요 작품들

고 믿는 그다. 아버지의 한을 풀어달라던 어머니의 작은 권유가 그의 오늘을 만들어낸 셈이다.

이렇듯 주변의 권유를 통해 자신의 잠재된 사업가적 자질을 발견하는 이들은 어찌 보면 자신의 노력보다는 우연히 얻어걸린 '운' 덕분이라고 여겨질지도 모르겠다. 그러나 엄밀히 말하면 그 '운' 역시 그들 스스로 준비해온 노력이 뒷받침되어 있었기에 가능했던 것이다. 어느 날 갑자기 떨어진 행운이 아니었음을 우리는 명심해야 한다.

가업을
승계하다

대를 이어 광주요를 운영하는 조태권 대표의 예처럼 가업을 잇는 일은 사실 그리 흔하지 않다. 아니, 많이 알려지지 않았다. 우리 사회는 흔히 가업승계를 통해 기업을 일구는 예에 대해 부정적인 시각을 갖곤 한다. '2세 경영인이 일종의 무임승차를 하는 것이 아니냐'라는 편견을 갖기 때문이다. 그러나 건전하고 합리적인 절차에 따른 가업승계는 기업의 경영을 더욱 탄탄하게 다지고 선대보다 몇 배의 성장을 일구며 성공적인 경영을 보이는 예도 있다. 왜냐하면 그들은 '날 때부터 CEO'의 길을 차분히 밟아오기 때문이다.

동양잉크 최대광 사장이 바로 그 예라 할 수 있다. 그는 아버지 고(故) 최수학 회장이 일구어 놓은 동양잉크를 세계무대에 올려놓은 후계자 CEO다. 그러나 최대광 사장이 단번에 '동양잉크 CEO'자리를 꿰찰 수 있었던 것은 아니다. 최수학 회장은 최대광 사장을 진정한 CEO로 키우기 위해 생산현장의 말단직부터 영업에 이르기까지 일당백의 일을 경험하도록 했고 CEO의 자질을 검증했다. 그 기간만 약 10년 정도 소요되었을 정도다.

최수학 회장은 최대광 사장이 CEO로서의 자질이 없으면 가업을 승계하지 않겠다는 생각을 하고 깐깐하게 검증에 나섰다. 그렇게 최대광 사장은 가장 어렵고 힘든 잉크 제조부터 시작해 영업, 기획까지 10여 년의 시간 동안 그야말로 고생, 고생, 생고생을 거치며 CEO 승계를 위한 길을 밟아왔다.

검증의 시기 동안 최대광 사장은 아버지를 뛰어넘는 탁월한 경영수완을 보이기도 했다. 당시만 해도 동양잉크

동양잉크 에코맥스 잉크

가 해외 수출에 나선다는 것은 매우 무모한 일이었다. 그러나 그는 직접 해외 수출 판로를 개척했다. 시장성이 없을 거라며 시도하지 않았던 친환경 잉크 제조에도 앞장서 친환경 잉크 시장을 점차 넓혀갔다. 이러한 그의 시도는 이제 동양잉크 수익의 핵심을 담당하며 캐시카우(cash cow)의 역할을 하고 있다.

이처럼 가업승계란 단순히 기업을 물려주는 것이 아니라 창업주의 이념, 가치관 등 무형자산을 후계자에게 전수하는 것에서 출발한다. 나아가 후계자는 그것을 더욱더 발전시켜야 하는 까닭에 승계가 창업보다 더 어려운 일일 수도 있다.

그러나 무엇보다 중요한 것은 출발 이후에 어떻게 성공을 만들고 지켜가느냐에 달렸다. 이때 성공의 비결은 응당 한 가지에 달렸다. 무엇이든 아이템에 대한 확신이 서면 곧바로 실행에 옮기고, 자신이 가진 온 정성을 쏟는 것, 다시 말해 '가슴에 담은 원대한 꿈이 이루어질 때까지 도전하고 도전하는 것'이다. 창업가로서의 원대한 꿈! 새 생명을 만들어내는 위대한 업적이란 그렇게 시작한다.

Step **02**:
Discover

유망 사업 아이템을 발굴하라

아이템 발굴 3원칙

천 리 길도 한걸음부터라는 말처럼 창업의 꿈을 이루는 먼 길의 여정도 결국엔 한걸음의 시작에서 출발한다. 그렇다면 무엇을 어떻게 해야 하는 걸까? 일단 이쯤에서라도 창업에 자신이 서지 않는다면 멈추는 것이 가장 현명하다. 창업은 누구나 도전하지만 아무나 성공할 수 없는 분야다. 창업 후 1년 내 문을 닫는 곳이 70% 이상 달한다는 통계도 있듯 마음을 먹는다고 무조건 되는 시장만은 아니기 때문이다.

실제로 '아딸'이라는 분식점 프랜차이즈를 운영하는 이경수 대표는 창업설명회 자리에서 창업이 얼마나 어렵고 실패확률이 높은지를 강조한다. 도전에 대한 자신과 확신이 서지 않는다면 이쯤에서 포기하는 것이 좋다며, 한사코 창업을 독려하기보다는 반대하는 창업설명회를 연다.

그가 이렇게 청개구리 같은 창업설명회를 여는 이유는 간단하다. 자신의 이야기를 듣고서도 포기하지 않을 만큼의 강한 의지를 지닌 이들만이 창업할 수 있도록 유도하기 위함이다. 만약 그의 부정적인 이야기에 진로를 포기할 정도의 나약한 성격이라면 그 자신을 위해서라도 포기하도록 돕는 것이 낫다고 믿는다. 이는 매우 일리 있는 이야기다. 창업은 강한 의지를 바탕으로 하지 않으면 절대로 뛰어들어서는 안 되는 어렵고도 험난한 세계이기 때문이다.

그렇게 창업을 결심하고 의지를 다진 이후에 가야할 길은 매우 많이 남아 있다. 그 길의 첫 번째 여정은 바로 사업 아이템의 발굴이다. 사실 막상 창업을 결심하고 난 후에도 많은 사람이 "내가 뭘 해야 할까? 뭘 해야 잘할 수 있을까?", "어떤 아이템을 해야 하지?"라는 고민만 연속하게 된다. 이번 과정은 바로 이러한 고민을 해결하기 위한 과정이다. 이와 관련해서 앞서 설명한 아딸 프랜차이즈의 이경수 대표는 이런 이야기를 한다.

"돈 버는 일은 쉽습니다. 사람들이 가장 원하는 물건을 가장 품질 좋은 것으로, 가격은 싸게, 소리 질러 팔면 잘 팔립니다. 돈은 그냥 벌어지는 거죠. 이렇게 쉬운 일이 또 어디 있겠어요?"

아이템 선정도 어찌 보면 간단하다. 내가 잘할 수 있고, 시장이 필요로 하며 손님이 찾는 것을 선정하면 되는 일이다. 어떻게 파느냐보다 무엇을 파느냐를 선정하는 이 과정은 기업의 아이템 발굴 3원칙을 통해서 배워볼 수 있다.

아이템 발굴 3원칙

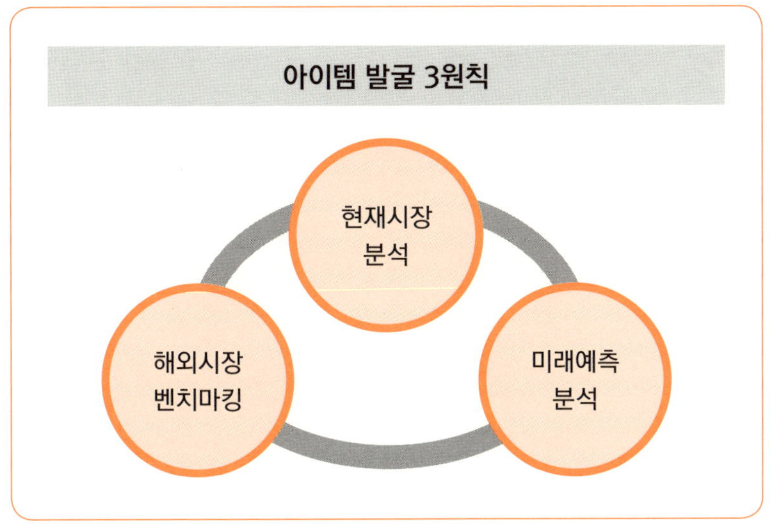

　성공한 기업가들은 이러한 세 가지 틀 안에서 크게 벗어나지 않는다. 첫째, 현재시장이 어떻게 움직이고 있는지 분석하고, 둘째, 이를 토대로 미래시장을 예측해보는 것, 셋째, 다른 사업 아이템을 벤치마킹해봄으로써 새로운 가능성을 타진해보는 것이다. 각각의 내용은 다음 장에서 자세히 살펴보도록 하자.

현재시장을 파헤치고 파헤쳐라

시장을 구성하는 요소로는 소비자와 공급자, 그리고 그 둘을 조율하는 보이지 않는 시장의 힘이 있다. 따라서 현재시장을 분석하려면 위 세 가지를 살펴보고 분석해야 한다. 즉, 소비자를 분석해 그들이 불편해하는 것은 무엇이고 추구하는 것은 무엇인지 살펴보고, 공급자 측면에서는 기존의 비싼 제품을 싸게 만들 방법을 찾아야 하며 기존에는 없던 일종의 금기된 시장을 개척하는 데 힘을 쏟아야 한다.

선식전문기업인 태광식품이나 세미나 카페인 민들레영토, 채소전문 프랜차이즈 총각네 야채가게, 음식물처리기를 개발한 루펜 등과 같은 기업의 CEO들에게는 바로 이러한 끈질긴 시장 분석의 지혜를 엿볼 수 있다. 이들은 모두 소비자의 작은 습관에서 찾은 기회를 파고들어 연구해서 자신만의 사업 아이템을 발굴해냈다.

태광식품은 애초에 방앗간 수준의 작은 제분공장에 불과했다. 이를 운영하던 김도백 사장은 단순히 사람들이 찾아올 때까지 기다리지 말고 직접 찾아 나서 시장을 만들겠다는 생각을 하게 된다. 1970~1980년대만 해도 미숫가루는 가정에서 곡물을 일일이 쪄서 말린 후 이를 방앗간에 가져와 빻아야만 먹을 수 있는 식품이었다. 당연히 미숫가루를 쉽게 구하기 어려우니 불편할 수밖에 없었다.

그는 이러한 번거로움에서 시장을 발견했다. 사람들이 직접 곡물을 방앗간에 가져오는 수고를 들이지 않고 가까운 시장이나 슈퍼마켓에서 살 수 있도록 한다면 더욱 많은 사람들이 미숫가루를 먹을 것이다. 그렇게 되면 그는 작은 방앗간이 아니라 본격적인 제조업을 하는 기반도 닦게 될 것이었다.

그는 곧바로 미숫가루를 대량으로 생산해서 소포장제품을 만든 후 재래시장, 슈퍼마켓 등 여러 소매점포에 내다 팔기 시작했다. 이것을 계기로 그는 점차 사업을 확장하며 백화점 식품관까지 판매망을 늘렸다. 처음에는 가공제품을 두고 파는 것에 그쳤지만, 차츰 공간을 확보하면서 또다시 판매방식을 새롭게 했다.

이 역시 소비자들의 습관에서 찾아낸 새로운 시장이었다. 매장 내에 즉석 미니 방앗간을 설치해서 바로바로 곡물을 갈아서 미숫가루와 선식을 만들어 제공했다. 이는 고객이 제품의 품질과 성분을 눈앞에서 확인할 수 있기 때문에 마케팅과 동시에 신뢰를 줄 수 있다는 장점이 있었다. 물론 고객들로부터 매우 큰 호응을 얻었다. 이처럼 편한 제품, 편안한 서비스와 믿을 수 있도록 신뢰를 제공하는 일은 결국 소비자들을 끌어 모으는 열쇠가 된다.

카페를 문화 공간으로 탈바꿈시키며 새로운 시장을 창조해낸 민들레영토의 예를 보자. 민들레영토를 창업한 지승룡 사장은 창업 전, 우연히 한 카페에서 장시간 앉아 있다가 나오면서 느끼던 찜찜한 기분에서 착안해 카페 창업을 하게 됐다. 눈치를 보지 않고 오랫동안 앉아 있을 수 있는 소통의 문화 공간을 만들어보자는 것이 그의 생각이었고, 그래서 탄생한 것이 바로 민들레영토였다.

즉, 커피를 마시러 오는 사람들이 진짜 원하는 것은 '맛있는 커피'보다는 '커피가 주는 편안함'에 있다고 보았다. 이를 위해 카페의 테이블과 의자는 편안하게, 분위기는 아늑하게, 갤러리와 세미나실까지 갖춘 복합 문화 공간으로 카페를 꾸몄다. 이것이 차츰 카페와 문화 공간을 합친 이색적인 장소로 소문을 타면서 특히 대학생 계층인 20대들로부터 폭발적인 인기를 불러 모았다. 테이블 회전율을 높여 수익성을 극대화하려는 장삿속이 아니라 진정 '고객을 위한 카페'를 만들겠다는 콘셉트가 먹혀 들어간 것이었다.

채소와 과일 등의 판매전문점인 총각네 야채가게도 마찬가지다. 창업자 이영석 사장이 성공할 수 있었던 것은 매일 새벽 농산물 시장에서 신선한 야채를 사오는 것, 단 한 가지밖에 없었다. 기존 채소가게들은 대량유통으로 박리다매를 추구했지만, 이영석 사장은 비싸더라도 '신선함이 살아 있는 채소'를 팔겠다는 것으로 가게를 차별화시켰다. 그러자 신선한 채소에 목말라 있던 소비자들이 봇물 터지듯 쏟아져 나왔고, 판매 인기는 상상을 초월했다. 채소 하나를 사기 위해 자동차를 몰고 나오는 주부들도 있었으니 말이다. 이렇듯 감춰져 있던 소비자 욕구를 정확히 꿰뚫어서 사업화한 것이 그의 결정적인 성공 비결이었다.

한편, 루펜의 이희자 사장은 음식 쓰레기 처리기를 국내 최초로 선보이며 100만 대 판매라는 돌풍을 일으킨 주부 CEO다. 주부가 사업한다는 것과 주부가 기계를 개발했다는 점은 어찌 보면 생소한 일일 수도 있을 것이다. 그러나 그녀는 주부였기에 루펜이라는 기업을 일굴 수 있었고, 주부들의 골칫거리였던 음식 쓰레기 처리기를 개발할 수 있었다. 누구보다 주부의 마음을 가장 잘 알았기 때문이다.

그녀의 경험에서 비롯된 음식 쓰레기 처리기 아이디어는 매우 간단했다. 싱크대 내부 배관공사가 필요 없는 작은 크기의 제품, 보는 것만으로도 음식 쓰레기 냄새를 잊게 해주는 세련된 디자인으로 음식 쓰레기 처리기를 만들었다. 주부들도 손쉽게 설치하고 사용할 수 있는 간단한 제품이었다. 그러자 출시 직후에는 없어서 못 팔 정도로 인기가 좋았다. 그녀 역시도 누구보다 주부 소비자들을 잘 이해하는 소비자였기에 가능했던 일이었다.

한편, 창업자 스스로 소비자가 되어 시장을 분석하고 새로운 시장을 발굴하는 것만이 아니라 공급자 측면에서 사업 아이템을 발굴해 내는 예도 있다. 이를테면 공급자의 유통단계를 단축해서 가격이 저렴한 제품을 시장에 내어놓는 식이 그런 것이다. 대표적으로 미샤(MISSHA), 더페이스샵(THEFACESHOP), 자라(ZARA)와 같은 브랜드의 출발이 그러했다.

이미 시장에서 큰 성공을 거두고 있는 미샤, 더페이스샵은 비싸게 공급되던 화장품을 싸게 판매함으로써 성공한 예다. 화장품이 비싸게 팔리고 있었던 이유가 대리점, 소매점 등을 거치는 복잡한 유통구조에 있다는 점에 착안했다. 미샤, 더페이스샵은 직영점, 가맹점 형식을 통해 중간 이윤을 확 줄여서 가격 경쟁력을 높이는 전략을 펼쳤다. 또한 화장품 용기나 포장비 등 사치비용이라 판단되는 것들을 과감히 포기함으로써 화장품 가격에 덮인 이중 거품을 걷어냈다.

반면, 대표적인 패션 브랜드 자라는 SPA(Specialty Store Retailer)

유통형태를 택함으로써 가격 경쟁력을 높인 기업이다. SPA란 기획, 생산, 판매 등을 한 회사에서 모두 담당하고, 생산된 물건을 그 회사의 자체 브랜드 이름으로 판매하는 소매점을 뜻한다. SPA는 우리나라 말로 직역하면 '자사 오리지널 기획 브랜드에 의한 어패럴 제조 직판전문점'으로 정의할 수 있다. 즉, 최고의 품질과 적절한 운영 마진, 저렴한 가격의 제품을 공급하기 위한 아웃소싱 능력과 유통력이 중시되면서 패션제조업과 유통업 간의 통합된 사업형태인 SPA가 급속히 부상하게 되었다.

흔히 패스트 패션으로도 불리는 자라 외에도 유니클로(UNIQLO), 갭(GAP) 등이 대표적인 SPA 브랜드로 떠올랐다. SPA 제품은 중간상인 단계를 없앴기 때문에 가격이 저렴하고 제품의 회전 속도도 매우 빠르다. 따라서 공급자의 효율을 높여 새로운 시장을 창출해낸 대표적 사례로 꼽을 수 있다.

이처럼 소비자, 공급자 측면에서 시장을 분석하는 것 외에 또 한 가지의 시장 분석 툴(tool)이라면, 시장 전반을 분석해 큰 틀 안에서 새로운 것을 발견해내는 것이다. 이는 이른바 '금기된 시장'을 찾아내어 그것을 깨어 부수는 일이라 할 수 있다. 이때, 금기된 시장이란 정말로 불가능한 시장을 뜻하는 것이 아니라, 사람들의 인식이 만들어낸 허상에서 출발하는 경우가 많다. 파라코에서 만들어낸 어린이 색조화장품 브랜드 '바비코스메틱', 소망화장품에서 만든 남성화장품 브랜드 '꽃을 든 남자'가 바로 그 예라 할 것이다.

국가법에는 어린이가 화장하지 말라는 법은 없다. 그러나 우리의 인식 속에서 어린이용 화장품은 금기된 시장처럼 여겨지는 영역이었다. 남자들도 아름다워질 권리가 있다고 외치는 것 역시 사람들의 판에 박힌 사고에서는 어울리지 않았다. 그러나 이러한 벽을 넘어서 기존에 없던 개념의 제품을 만들어냄으로써 새로운 시장을 열고 성공을 거머쥐었다. 사실 이러한 도전은 기존에 없던 것이라는 생소함에서 오는 거부감 때문에 소비자들에게 신선함 그 이상의 충격을 안겨줄 확률이 높다. 하지만 이를 잘 극복한다면 출시 후 선풍적인 인기를 끌게 될 확률도 그만큼 크다고 할 수 있겠다.

이처럼 성공적인 사업 아이템의 발굴이란 소비자, 공급자의 분석, 금기된 시장을 발굴해내는 노력 속에서 자신만의 블루오션을 발견하는 일이다. 그렇게 차별화된 사업 아이템으로 제대로 된 승부수를 던져야만 기존 시장에 혁명적인 지각변동을 일으킬 수 있다. 제2의 자라, 바비코스메틱의 주인공으로 말이다.

미래의 변화를 예측하라

　'지금이 곧 미래다'라는 말이 있다. 얼핏 보면 앞뒤가 맞지 않는 얘기지만 다분히 시사하는 바가 있는 얘기다. 현재를 어떻게 보내는가에 따라 결과적으로 달라지는 것이 바로 다가오는 미래이기 때문이다. 따라서 바꿔 말하면 우리는 현재를 통해 미래를 충분히 예측해낼 수 있다.

　미래의 예측이란 차별화된 제품을 만드는 방법에서도 필수적인 과정이다. 미래 시장을 내다봄으로써 유망한 사업 아이템을 발굴할 수도 있다. 물론 어디까지나 예측이다. 그 예측대로 정확히 들어맞기란 누구도 장담할 수 없다. 유명한 미래학자 앨빈 토플러 박사조차도 미래에 무슨 일이 벌어질지 확실히 말할 수 있는 사람은 아무도 없다고 했으니 말이다. 그러나 앨빈 토플러 박사가 미래를 예측하는 자신만의 분석 툴을 가지고 있었듯이, 창업을 희망하는 사람들에게도 다행히 미래 시장을 예측할 수 있는 분석 툴이 세 가지 있다.

첫 번째는 연령별 세대를 분석하는 일이다. 예컨대 우리 세대와 부모님 세대의 생활방식이 다른 이유는 무엇일까? 20세기 사회의 모습과 21세기 사회의 모습이 전혀 다른 이유는 무엇일까?

미래 예측 분석방법 3원칙

그것은 바로 사람이 죽고 또 다른 사람이 태어나기 때문이고, 그렇게 시간이 흐름에 따라 기존 기술이 새로운 기술로 대체되면서 전반적인 생활양식도 달라지기 때문이다. 이러한 패러다임의 전환은 우리가 세상을 보는 시각을 전혀 다른 방식으로 바꿔 놓는다. 아날로그 시대에서 디지털 시대로 바뀌면서 우리가 겪게 된 삶의 변화가 대표적인 예다.

기업 경영방식도 마찬가지다. 산업혁명 이후, 기업들은 좋은 품질보다는 많은 양의 생산을 확보하는 대량생산의 시대를 맞았다. 분업화나 표준화에 가치를 둔 경영활동을 펼치게 된 것도 대량생산 체계를 갖추기 위함이었다. 하지만 이러한 경영가치는 시대의 변화와 함께 달라져 갔다. 1970~1980년대부터 무한 경쟁 체제가 시작되면서 기업의 경영가치는 변화와 혁신, 책임과 권한으로 집중되었다. 고객들의 요구가 날이 갈수록 까다로워지는 변화를 맞으면서 기업에는 무한 책임이 요구되기 시작했다.

물론 이 역시도 영원하지는 않았다. 시간이 흐르고 경제위기가 반복되면서 또다시 달라져 갔다. 감성과 협력, 상상력과 창조라는 새로운 경영가치가 탄생했다. 이것은 '쥐어 짜기식'이었던 20세기 경영방식과 달리 다양한 자유가 공존하는 21세기형 경영방식으로 주목받았다. 기존의 가치와 다른, 산업모델 자체를 새롭게 창조하는 것에서 출발하는 것으로 해석되었다. 이 경영가치는 최근까지도 기업 경영에 매우 핵심적인 역할을 하고 있다.

이처럼 산업혁명에서 최근에 이르는 경영가치의 변화 과정은 크게 세 가지 트렌드로 구분된다. '매니지먼트 1.0', '매니지먼트 2.0', '매니지먼트 3.0'이 그것이다. 매니지먼트1.0이란 표준과 분업을 핵심 가치로 삼았던 산업혁명 이후의 첫 번째 트렌드를 말한다. 매니지먼트 2.0이란 '마른 수건도 다시 짠다'라는 변화와 혁신, 책임과 권한을 경영화두로 삼은 두 번째 경영 트렌드이다. 마지막으로 매니지먼트 3.0이란 감성과 협력, 그리고 상상과 창조를 대표가치로 삼기 시작한 최근의 새로운 경영화두를 의미한다.

매니지먼트 3.0 시대가 열리고 있다지만, 아직 우리 기업에는 매니지먼트 3.0보다 매니지먼트 2.0이 더 익숙하다. 아직은 매니지먼트 3.0을 대표하는 창조와 감성과 같은 환경의 변화를 제대로 반영하기엔 미흡한 부분이 많다. 그렇다고 해서 변화에 둔감해도 좋다는 의미는 아니다. 이미 변화를 빠르게 받아들이는 선도자들은 새로운 환경에 맞춰 매니지먼트 3.0에 어울리는 경영을 열고 있기에 우리 역시 한시도 지체할 수 없다. 새로운 경영의 패러다임에 맞춰 새로운 생존 게임에 적응하는 기업만이 글로벌 강자로 거듭날 수 있음은 시대가 달라져도 변하지 않는 원칙이기 때문이다.

매니지먼트 3.0 시대의 도래는 우리의 IT(정보기술, Information Technology) 산업이 최근까지 이뤄낸 성과만 보더라도 충분히 짐작해 볼 수 있다. 처음 미국에서 인터넷이 등장했을 때만 하더라도 대한민국이 글로벌 정보기술 산업의 강자로 부상하리라고는 누구도 생각하지 않았다. 그러나 지금 대한민국은 정보기술 산업 부문에서 세계 1위로 등극했다. 아주 짧은 시간 안에 이룬 결과였다.

이에 대해 어떤 전문가는 한국인의 '빨리빨리' 문화가 그렇게 만들었다고 하고 또 다른 전문가는 한국인의 '지고 못사는' 근성이 그렇게 만들었다고도 한다. 물론 모두 다 일리 있는 이야기다. 왜냐하면 한국인의 상상력과 창조력 그리고 다양한 감성은 정보기술 산업을 세계 1위로 등극시키기에 부족함이 없기 때문이다. 여기에 지고 못사는 도전정신과 서로 협력하고 공유해서 최고를 만들자는 상생정신이 또 다른 몫을 담당했다.

그렇듯 변화에 대한 빠른 적응은 기업 경영의 필수다. 특히 21세기 기업 경영의 세계에는 매니지먼트 3.0 시대가 열리고 있다. 지금까지의 경영학은 이제 죽었다고 할 정도로 과거의 잣대나 기준

과는 전혀 다른 세계가 펼쳐져 있다. 이러한 흐름과 궤를 같이하는 네이버와 같은 지식포털, G마켓과 같은 온라인 쇼핑몰, 애플이 만들어낸 아이폰, 아이패드는 지난 세기의 사람들이 전혀 누릴 수 없었던 것들이다. 새로운 세대가 출현하고, 새로운 기술이 개발되면서 우리는 이러한 서비스와 제품들이 제공하는 새로운 기능을 누릴 수 있게 되었다. 우리의 삶 또한 그야말로 360도, 아니 720도 바뀌었다.

결국, 이렇게 변화하는 시대 흐름에 발 빠르게 대응한 기업들은 컴퓨터 하나로 세계 각국의 정보를 접할 수 있는 시대, 클릭 한 번으로 물건을 구매하는 시대, 휴대폰으로 인터넷을 하고 집안의 에어컨을 조절하는 시대를 여는 주인공이 됐다. 세상이 어떻게 돌아가고 있는지, 어떻게 바뀌고 있는지 남보다 먼저 알고 그 변화에 능동적으로 대처한 기업가들만이 전에 없던 혁신적인 제품, 고객이 깜짝 놀랄 만한 획기적인 서비스를 만들어내게 되었다. 따라서 새로운 시장을 선점하기 위해서는 사회를 보다 역사적인 관점에서 바라보고 분석해 볼 필요가 있겠다.

두 번째 방법은 이머징 이슈(emerging issue)를 분석하는 것이다. 다시 말해서 최근에 급부상한 '떠오르는 시장' 즉, 신흥 시장을 알아내는 방법이다. 이머징(emerging)은 글자 그대로 최근에 생겨난 것을 뜻한다. 최근에 생겨난 것을 남보다 더 빨리 알아내기 위해서는 CEO가 그만큼 사회 이슈에 항상 민감해야 한다. 다른 나라에서 어떤 일이 펼쳐지고 있고, 정부의 정책은 어떻게 바뀌었으며, 요즘 사회적으로 문제 되고 있는 것은 무엇인지, 나아가 국제시장에서 주목받고 있는 것은 무엇인지 등에 대해서 말이다. 이러한 이머징 이슈를 잘 분석해서 사업화에 성공한 기업가의 예를 살펴보도록 하겠다.

건설자재 납품업에서 출발해 휘장막과 방음벽 등의 제조, 경관조명 사업, EMP 사업을 확장해 펼쳐가고 있는 누리플랜의 이상우 회장이 그 주인공이다. 이상우 회장이 처음 건설업계에 뛰어든 것은 1980년대 후반이었다. 당시는 주택 200만 호 건설을 추진하겠다고 선거 공약을 내건 노태우 대통령 후보가 대통령에 실제로 당선되면서 건설경기에 붐이 일었다. 그는 이를 기회로써 놓치지 않았던 것이다.

이후 경관조명 사업에 뛰어들 때도 마찬가지였다. 2002년 월드컵 개최국으로 대한민국이 선정되자 불현듯 '앞으로 선진국처럼 우리나라도 경관조명 사업이 주목받겠다'라는 생각이 머리를 스쳤다.

2002 한일월드컵

국제적인 행사에 대비해 도시의 위상을 높이기 위해서라면 경관조
명 사업이 빠질 수 없다고 판단했고, 그의 예측은 정확하게 들어맞
았다. 또한 점차 국민소득이 높아지고 선진문화를 받아들이게 되
면서 심야의 도심을 밝히는 경관조명이 낭비만은 아니라는 인식도
자리 잡혀 나갔다.

　마지막으로 트렌드를 분석하는 방법이란, 말 그대로 시시각각

변화하는 시장의 흐름을 파악하는 일이다. 이 때문에 하루가 다르게 변화하고, 십인십색(十人十色)도 모자라 십인백색(十人百色)이 되어가는 소비자의 욕구 때문에 창업하려는 사람들이 고려해야 할 요소들도 무한대로 많아졌다. 따라서 예비창업주들은 사회 트렌드를 정확히 분석할 수 있는 혜안을 길러야 한다. 트렌드는 그야말로 소비자들이 목말라하는 것, 원하는 것이 무엇인지 그대로 적나라하게 보여주는 지표와 다름없기 때문이다.

실례로 본아이에프의 김철호 대표는 '웰빙 시대'가 도래하게 되면 '슬로우 푸드'가 사랑받게 될 날이 오리라 확신했다. 유황오리전문업체인 유성농산의 이춘길 사장 또한 중풍, 고혈압, 신경통 등에 폭넓게 활용되어 온 전통음식 '유황오리'가 '웰빙 트렌드'와 맞물려 크게 성장하게 될 것이라 확신했다. 커피전문점 카페베네를 창업한 김선권 대표도 마찬가지다. '국민소득이 더욱 성장'하게 되면 사람들은 보다 여유를 찾게 될 것이고, 그 여유가 극대화되는 곳이 바로 카페라 생각했다. 이러한 그의 확신은 곧 카페베네의 창업으로 이어졌고, 예측대로 전망이 정확하게 들어맞으면서 사업은 성공 가도를 달리게 됐다.

이렇듯 선견지명의 기업가들은 '웰빙 시대가 온다', '국민 소득이 높아지면 그만큼 삶의 품격도 높아질 것이다'라는 트렌드 분석을 통해 소비자의 필요조건과 충분조건을 동시에 만족시켜 주었다. 이는 사업을 더욱 확장시키는 계기로 작용했다. 이와 같이 트렌드는 다양한 힌트를 종합해 하나의 전망을 예측해내는 일이다. 따라서 한시도 긴장감을 늦추지 않는 이들에게만 신상품, 신시장의 단서로 작용하게 된다.

매년 초 미국에서 열리는 CES(국제전자제품박람회, Consumer Electronics Show)를 예로 들어보자. 이 행사는 글로벌 IT 관계자가 총 집결하는 세계 3대 IT 전시회의 하나로 한 해 IT 산업의 트렌드를 조망할 수 있다. 지난 2012년 1월 행사에서는 대략 4가지 정도의 트렌드를 발견할 수 있다. 첫째로, 대형 OLED TV, 무안경 3DTV 등 우리가 눈으로 볼 수 있는 사물과 유사한 수준의 영상을 구현하는 제품들이 새롭게 등장했다. 둘째는 제품의 초슬림·초경량·저전력 특성을 강화해 소비자가 편리하게 이동하면서 사용할 수 있는 노트북·태블릿PC 간 경쟁도 치열했다. 셋째는 TV·핸드폰·PC 등 기기 간 상호 연동이 강화되고, 나아가 음성이나 동작으로 기기를 작동하게 하는 등 사용자 편의성을 극대화하려는 노력도 돋보였다. 마지막으로 IT와 타 산업, 특히 우리나라 주력 산업과 미래 먹거리 산업인 자동차, 에너지 관리, 의료기기 등과의 융합이 가속화되고 있다.

이러한 CES의 트렌드는 조만간 가까운 우리의 미래에 실현되거나 먼 미래 기술의 발전을 이끌어가는 단서라 할 수 있다. 발 빠른 사업가라면 이러한 기술의 발전 속에서 이미 신시장의 단서를 찾아내고 벌써 한발 앞서 움직이고 있지 않을까?

벤치마킹은 좋은 교과서다

모방은 창조의 어머니란 말이 있듯, 벤치마킹 또한 사업 아이템 발굴과 정보 수집에 제격인 방법이다. 물론 본인이 잘하는 것이 있다면, 혹은 스스로 확신이 드는 사업 분야가 있다면 바로 사업을 시작해도 무관하다. 그러나 본인이 잘하는 것이 무엇인지도 잘 모르겠고, 무슨 사업이 뜨는 분야인지도 잘 모르겠다면 '벤치마킹'이 좋은 나침반이 되어줄 수 있다.

경험이 없는 분야에 진출하는 경우일 때에도 벤치마킹은 간접 경험을 쌓고 생소한 분야에 대한 두려움을 없애는 데 효과가 있다.

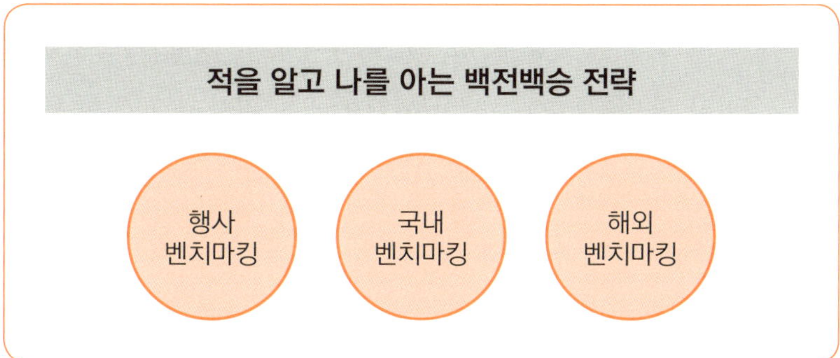

이를 위해 국제적으로 열리는 박람회에 참여한다든가, 유사 시장이나 제품을 벤치마킹한다든가, 해외여행을 떠나는 등의 방법을 활용해볼 수 있다.

무엇보다 중요한 것은 벤치마킹은 단순한 모방과는 차원이 다르다는 점이다. 벤치마킹은 우수한 기업이나 성공한 상품, 기술, 경영 방식 등의 장점을 충분히 '배우고 익힌 후', 자신의 환경에 맞추어 '재창조'하는 것이 핵심이다. 그 예를 살펴보자. 은박용 일회용품을 생산하고 있는 길천물산의 안희규 사장이 제품에 대한 아이디어를 얻은 것은 한 국제박람회 자리였다. 일본에서 열린 제과제빵 박람회에서 일회용 은박제품을 발견한 것이 계기였다. 그가 본 베이킹컵과 파운드케이크 케이스 등의 은박제품들은 활용성이 뛰어났음에도 당시 우리나라에서는 소개조차 되지 않았던 것이었다. 그는 이러한 은박제품의 시장성을 단박에 알아보고 사업화를 결심하게 된다.

이처럼 국제적인 행사는 시장의 트렌드를 한발 앞서 접할 수 있는 최신 정보의 접점이다. 이는 업계마다 다양하게 개최되고 있다. 미국 라스베이거스에서 해마다 열리는 세계 최대의 전자제품박람회인 CES나 독일 하노버에서 매년 개최되는 세계 규모의 정보통신기술박람회(CeBIT) 등의 행사도 사업 아이템 발굴에 참고할 만한 행사가 된다. 이미 글로벌 기업들은 이 행사에 맞춰 최신 기술을 접목한 최신 제품을 선보이는 것이 중요한 이슈이자 이벤트가 되었다.

물론 이처럼 큰 규모의 국제적인 행사만이 방법이라 할 수는 없을 것이다. 얼마든지 국내에서 유사 시장 혹은 제품, 각종 문헌을 살펴보는 것만으로도 벤치마킹의 좋은 효과를 거둘 수 있다. 유황오리전문업체인 유성농산의 이춘길 사장은 육류 소비패턴이 레드(소, 돼지고기)에서 화이트(닭, 오리)로 점진적으로 변화되고 있다는 트렌드에서 오리 시장의 잠재성을 봤다. 그가 사업 확장 계획을 구상하던 2007년 당시, 3조 2,000억 원의 시장 규모를 자랑하는 닭 시장에 비해 오리 시장은 8,000억 원에 지나지 않았다.

하지만 이춘길 사장은 이것은 오히려 오리 시장이 앞으로 4배 이상의 성장 가능성이 있다는 것으로 해석했고, 구매기회가 확대된다면 오리 시장 규모도 성장이 두드러질 것으로 예상했다. 그의 예상은 정확하게 들어맞았다. 오리 시장은 점차 성장세를 보이더니, 2009년에는 국내 오리 소비량이 연간 10만 톤을 초과하기 시작했다.

2007년 오리 시장과 닭 시장 규모

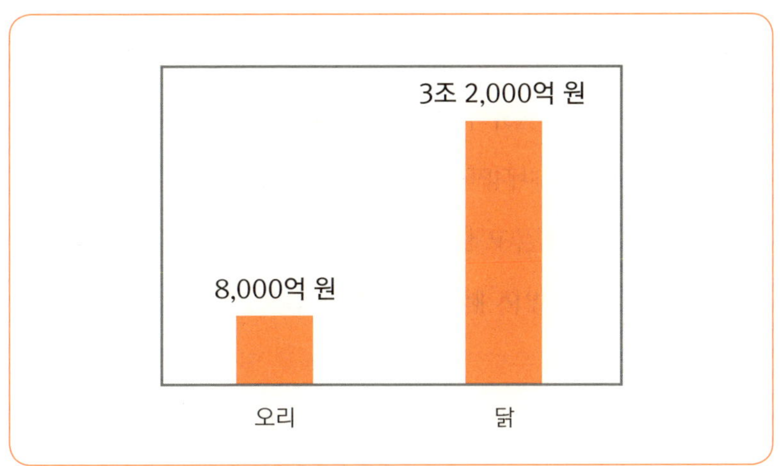

때로는 벤치마킹을 통해 사업 아이템을 얻게 되는 예도 많다. 즉, 사업 아이템을 선정한 후, 이에 대한 학습과 간접경험 차원에서만 벤치마킹을 하는 것이 아니라 시장을 두루두룩 벤치마킹을 함으로써 사업 아이템을 발견하는 것이다.

카페베네의 김선권 대표가 대표적인 예다. 그는 휴식 차 떠난 유럽여행에서 '유럽식 커피문화'를 처음으로 접하게 되고, 이를 사업 아이템으로 결정한 후에 커피 시장의 가능성을 재타진했다. 그 결과 편안한 공간, 다양한 메뉴를 접할 수 있는 토종 커피전문점을 열게 되었다.

지속적인 변신으로 기업을 성장시켜 가고 있는 누리플랜의 이상우 회장은 주기적으로 선진 시장 벤치마킹을 통해 새로운 아이템을 구상하는 것으로 유명하다. 그는 일본이나 유럽, 선진 시장을 찾아가 직접 발로 뛰며 차세대 사업은 무엇인지 찾곤 한다. 물론 기존의 역량을 활용할 수 있는 새로운 사업을 찾는 것이 원칙이다. 이러한 벤치마킹은 그 혼자만의 것이 아니라 창의력을 바탕으로 일하는 디자이너, 기획 담당자 등도 동참한다. 각 전문 영역의 업무 담당자 눈에서 발견하는 새로운 시장과 경영자의 눈에서 찾은 시장이 조화를 이룰 때 더욱 강력할 것이라는 그의 지론 때문이다.

실제로 그는 선진 시장으로 가면 무언가 새로운 시장이 있을 것이라는 막연한 기대를 안고 떠난 일본 여행에서 'EGI 펜스'라는 신제품 아이디어를 구했다. 이것을 국내 건설 시장에 최초로 도입하면서 그는 일개 자재 납품상에서 제조업의 기틀을 갖췄고 성장해나갔다.

그러나 벤치마킹을 위한 일이라고 무작정 떠나는 것은 금물이다. 사업 아이템을 찾고 말겠다는 목적의식, 사회 전반의 트렌드를 조사하겠다는 분명한 목표가 따라야만 새로운 시장도 보일 것이기 때문이다. 즉, 아는 만큼 보이고 보이는 만큼 들리는 법이니 준비되지 않은 자에게는 새로운 기회를 잡기도 어려운 것은 당연한 일일 것이다.

반대로 '시장을 읽는 눈'을 항상 유지하고 있어야 좋은 아이템을 찾을 수 있는 것은 두말하면 잔소리다. 이렇듯 벤치마킹은 누구나 할 수 있는 일이지만, 무엇을 어떻게 보았느냐에 따라 헛된 일이 될 수도, 회사를 혁신적으로 변화시키는 결정적인 촉매제가 될수도 있다.

"며칠 전 다녀온 박람회 어땠는가?"라는 질문에 "좋았습니다"라고 대답하는 사람과 "A라는 아이템을 매우 흥미롭게 봤습니다. 특

히 기존에 판매되고 있던 B라는 제품에 비해 기능성을 높였다는
점, 디자인을 강조한 점이 관람객들의 시선을 끌어 모았습니다. 우
리 또한 이런 점을 배우는 것이 좋을 것 같습니다"라고 대답하는 사
람이 동일한 경쟁력을 가질 수는 없듯이 말이다.

Step 03:
Development

고객이 놀랄 만한
제품을 개발하라

성공의 시작은 제품이다

앞서 언급했듯 '가장 좋은 품질의 제품을 싸게 파는 것이 성공의 비법이다'라고 했던 아딸의 이경수 대표의 이야기처럼 제품은 판매의 핵심이다. 시장에 단 하나밖에 없는 차별화된 제품을 개발하고 선보여야 시장에서 인정받을 수 있기 때문이다. 고품질의 제품을 선보이기 어렵다면 차라리 일찌감치 사업을 접는 편이 나을 수도 있다. 그만큼 제품 개발은 회사의 생명줄과도 같은 존재라는 의미다.

죽전문점을 창업한 본아이에프 김철호 대표의 이야기로 돌아가보자. 김철호 대표는 사람들이 일반적으로 갖는 '죽'에 대한 생각을

본죽의 대표적 영양죽(삼계죽, 호박죽)

곰곰이 분석한 끝에 제품의 콘셉트를 세웠다. 당시 죽이란 아픈 사람들이 먹는 것, 쉽게 배가 꺼지는 음식이라는 선입견을 가진 이들이 대부분이었다. 그는 직접 이러한 편견을 바꾸기 위해 아내와 함께 영양죽을 개발하기에 이른다.

당시 그는 본죽 1호점을 열기 위해 무려 6개월이 넘도록 세끼 내내, 그리고 간식까지도 죽만 먹어가며 제품 개발에 몰입했다고 한다. 참으로 처절하고도 눈물겨운 개발 과정을 견뎌낸 셈이었다. 그 노력의 결과, 죽전문점 프랜차이즈를 키워냈고 건강한 젊은 층들까지도 즐길 수 있는 메뉴를 개발해냈다. 입소문 효과가 가장 큰 소비층이 바로 젊은이들이었기에 죽전문점은 빠르게 안정을 찾아갈 수 있었다. 그것은 결국 본죽이 빠르게 성장할 수 있는 발판이 되었다. 자본금이 부족해 대학로 뒷골목 2층에 조그맣게 가게를 낼 수밖에 없었지만, 2층 계단 아래 점포 입구까지 손님들이 줄을 서는 진풍경이 매일같이 벌어질 정도였다.

유성농산의 이춘길 사장도 유황오리제품을 만들기 위해 여러 번의 실패를 견디며 노력했다. 어린 시절 오리를 키워본 경험 하나만을 가지고 사업에 뛰어들다 보니 실패가 연속되는 것은 당연한 일이었다. 그는 유황오리를 시험 사육하는 기간만 약 1년을 거친 후에야 겨우 오리 사육에 성공할 수 있었다. 그 사이 무려 수백 마리의 오리가 죽어나가는 것을 지켜봐야만 했다.

당시 그는 사료와 유황의 배합 비율을 맞추지 못해 유황의 독성이 강해져 오리를 죽게 했다. 유황만 먹이면 다 유황오리가 되는 줄 알았던 초보 사업가의 착각에서 비롯된 실수였다. 죽어가는 오리들을 보며 발만 동동 구르던 그는, 전국 방방곡곡을 돌아다니며 한의사도 만나보고 전문가도 만나면서 배움을 자처했다. 그 결과 유황오리 사육의 가장 중요한 핵심인 원료 배합 비율에 대해 알 수 있었다고 한다. 이러한 사례자들에서 보듯이 제품 개발 과정에서 겪게 되는 마음고생은 정말이지 말로 헤아릴 수 없을 것이다.

누리플랜의 이상우 회장도 예외 없이 숱한 고생을 넘어섰다. 그가 처음 일본에서 EGI펜스를 본 뒤 무작정 한국으로 돌아와 EGI펜스를 만들기로 했을 때, 사실 결심은 쉬웠으나 실행에 옮기기란 만만치가 않았다. 제조에 대한 경험이 전혀 없었으며 마땅한 설비도 갖추고 있지 않았기 때문이었다. 더구나 제대로 된 전문인력도 확보하지 못한 상황이었다.

알음알음 눈대중으로 봐온 '감'만을 가지고 개발에 들어갔고 수작업으로 하다 보니 소위 '맨땅에 헤딩'하는 식이었다. 그래도 그는 포기하지 않았다. 왜냐하면 일본 시장에서 본 가능성 때문이었다. 당시 일본은 건설 현장마다 EGI펜스로 울타리를 치고 있었는데 이는 우리나라의 현장에서는 본 적이 없는 모습이었다. 당시 우리의 건설현장에는 공사 먼지를 가리는 형식적인 휘장을 두르는 것이 고작이었다.

이렇게 눈대중으로 보고 오기만 했던 EGI펜스를 그대로 재현해내는 것은 사실상 불가능에 가까운 일이었다. 그럼에도 도전을 거듭한 끝에 그는 업계 최초로 샘플을 만들어냈다. 절곡기에 손이 문드러질 때까지 고생을 해서 말이다. 그렇게 잠자는 것도 잊은 채로 근한 달간의 고투를 벌인 끝에 EGI펜스를 완성할 수 있었다.

EGI펜스(좌), 가설방음벽(우)

'안 되면 되게 하라', '될 때까지 한다', '내 사전에 불가능이란 없다'라는 명언이 그대로 적용되는 사례라 할 것이다. 6개월 동안 죽만 먹어가며 영양죽 개발을 했던 본아이에프의 김철호 대표, 수백 마리의 오리 폐사를 지켜봐야 했던 유성농산의 이춘길 사장 등 온 힘을 기울인 그들의 열정과 프로 정신은 결국 성공적인 첫 제품의 개발로 이어졌다.

제품혁신에 투자를 아끼지 마라

성공적으로 첫 제품을 만들어냈다고 하더라도 그것은 단지 시작에 불과할 것이다. 워낙에 트렌드가 빨리 바뀌는 시대이기 때문에 제품의 꾸준한 관리와 업그레이드는 선택이 아닌 필수가 되었다. 또한 이는 제품의 생명주기를 연장하는 데 반드시 필요한 일이다.

생물이 태어나서 자라고 성숙해 자손을 퍼뜨리고 사라져가듯 제품에도 생명주기가 있다. 생물과 비교해 갖는 가장 큰 차이는 혁신활동에 따라 얼마든지 그 주기를 연장시킬 수 있다는 점이다. 즉, 신제품이 성공적으로 시장에 선보이고 나면 성장, 성숙, 쇠퇴의 단계를 거치게 된다. 이때 혁신활동은 쇠퇴기의 도래를 늦출 수 있다.

시장 도입기에 주목받지 못한 채 사라져 버리는 제품이 있는가 하면 장기적인 히트 상품으로 자리 잡는 제품도 있다. 아스피린은 이러한 제품생명주기를 무색하게 만든 대표적인 장기 히트 상품이다. 그렇듯 고객들에게 꾸준히, 지속적으로 사랑받는 제품을 만들기 위해서는 그만큼 꾸준한 투자가 필요하다. 흔히 이러한 투자는 대기업만이 할 수 있는 일이라 생각할 수 있지만 오히려 정반대다. 치열한 경쟁에서 살아남기 위해서는 작은 회사일수록, 중소기업일수록 연구 개발에 대한 투자를 아끼지 말아야 한다.

본아이에프 김철호 대표는 본브랜드 연구소를 설립해 본죽뿐만 아니라 본비빔밥, 본국수대청, 본도시락 등 다양한 브랜드를 개발했다. 이제는 한식의 세계화를 선도하는 대표적인 CEO로 올라섰다. 태광식품의 김도백 사장은 식품연구소 설립을 통해 상품을 더욱 다양화시켰다. 선식과 미숫가루, 곡물가루 등에 제한되어 있던 곡물의 종류를 해조류나 청국장 가루 등으로 확대했다. 또 누룽지 등 친환경 제품까지 만들어내면서 제품의 종류를 다양화했다. 그 결과, 제품 수입에 까다롭기로 소문난 일본 시장에서도 러브콜이 잇따라 들어오고 있다.

국제외식산업박람회(NRA SHOW) 참가 모습(좌), 본죽 미국 매장 전경(우)

경관조명, 경관시설, 경관가설, 레이더, 방호시설 등 다양한 영역에서 종횡무진으로 활약하고 있는 누리플랜 이상우 회장의 에너지 원천도 바로 자체적으로 설립한 연구소의 연구활동 덕분이다. 이곳에서 신기술의 확보와 새로운 디자인의 확보 등이 이뤄지고 신시장에 대한 대응을 해나가고 있다.

그렇듯 기업의 연구와 개발은 단기적인 이익을 얻기 위함만이 아니라 장기적인 성장과 기업의 핵심 역량을 키우고 발굴해나간다는 생각으로 치밀하게 이뤄져야 한다. 장수하는 기업을 만들겠다는 전략으로 장기적인 관점에서 바라보는 것이 바람직하다. 특히 요즘은 구전의 속도가 매우 빨라서 소비자들이 SNS를 통해 정보를 퍼뜨리

누리플랜이 시공한 시설물

구전의 속도가 매우 빨라서 소비자들이 SNS를 통해 정보를 퍼뜨리면 수천 명, 아니 수십만 명의 사람들이 그 정보를 동시다발적으로 접할 수 있는 시대가 됐다.

이것은 제품 관리를 잘못하면 잘 나가던 기업도 한 방에 무너질 수 있다는 의미다. 과거 경영학에서는 불만고객의 위력에 대해 사용되던 통계가 있었다. 즉, 한 사람의 불만고객은 주위에 있는 12명의 잠정고객에게 불만을 전하고, 그 얘기를 들은 12명의 잠정고객은 다시 각자가 아는 6명의 잠정고객에게 말하게 된다. 그리고 그 6명의 사람들은 또다시 각자가 알고 있는 3명의 주위 사람들에게 전하게 된다고 한다. 따라서 만족고객 10명을 확보하는 일보다도 불만고객 한 사람이 미치는 악영향을 방지하는 것이 더욱 중요하다는 얘기다.

그런데 SNS가 활발한 요즘은 그 위력이 더욱 파괴적이고 무섭게 퍼져나간다. 불만이 클수록 그 속도는 더욱 빠르다. 따라서 잘 나가는 제품이라 하더라도 꾸준한 관리가 필요하고, 새로운 제품에 대한 개발도 게을리할 수가 없는 것이다.

Step **04:**
Marketing

전략적으로 1호점을
개발하고 마케팅하라

전략적으로 1호점의
위치를 선점하라

기업의 영업 첨병이 되는 1호 매장의 진출은 아무리 강조해도 지나치지 않을 것이다. 앞으로 펼쳐갈 영업활동의 근거지이자 모델이 되어야 하기 때문에 입지나 내부 인테리어, 조직의 구성 등 신경 쓸 일이 한둘이 아니다. 이것이 모태가 되어 기업으로 성장하느냐, 아니면 점포 운영에서 그치느냐를 결정짓기 때문이다.

대체로 가장 전략적인 1호 매장의 위치로는 서울의 강남권을 꼽는 경우가 많다. 트렌드에 가장 민감한 중심지이고 유동인구가 많이 몰리는 곳이기 때문에 강남권에서 인정받기 시작하면 어느 곳이든 확장해나가기 쉽기 때문이다.

실제로 알전문 요리점 '알부자'를 운영하는 최애리 사장은 첫 매장을 서울 신대방동에서 열었지만 그녀의 목표는 항상 강남 진출이었다. 동네 음식점에서 머물지 않고 프랜차이즈 기업을 계획하고 있었기 때문에 강남권에서 인정받아야 확산시키는데 유리하다고 보았던 것이다. 실제로 신대방동에서 대박집으로 성공을 거둔 후 그녀는 본점을 아예 강남역 부근의 매장으로 옮겨 재오픈을 하기에 이른다.

창업만 하면 망하고 나가는 요주의 점포를 임대해서 과감하게 매장을 꾸렸다. 요주의 점포를 구한 이유는 간단했다. 권리금이 없으니 싸게 임대할 수 있다는 이유였다. 2층으로 구성된 매장은 원래 1층에만 화장실이 있는 다소 불편한 구조였다. 하지만 최애리 사장은 층마다 화장실을 마련하는 등 손님들의 편리를 우선한 인테리어에 집중했다. 알요리라는 어느 곳에도 없던 메뉴를 개발하고 알요리와 어울리는 독특한 밑반찬도 개발해 선보였다. 그러자 손님들이 물샐 틈 없이 들어오기 시작하며 매장은 점차 여분의 공간까지도 확장해서 영업해야 할 정도가 되었다. 최애리 사장은 현재도 강남점의 성공에 이어서 송파구로 매장을 확대하며 기업가로서 성장의 길을 하나씩 밟아가고 있다.

　이처럼 기업 역사의 뿌리가 되고 선봉에 서는 1호점의 역할은 매우 중요하다. 대표적인 인구 집중지역으로 트렌드를 선도하는 곳이어야 한다. 본아이에프 김철호 대표는 창업 초기, 자본금이 부족해 대학로 뒷골목 2층에 조그맣게 가게를 낼 수밖에 없었다. 그럼에도 굳이 '대학로'에 가게를 내려고 고군분투한 까닭은 앞의 사례와 다르지 않다. 모델 매장으로서 더욱 많은 사람에게 홍보해 제2,

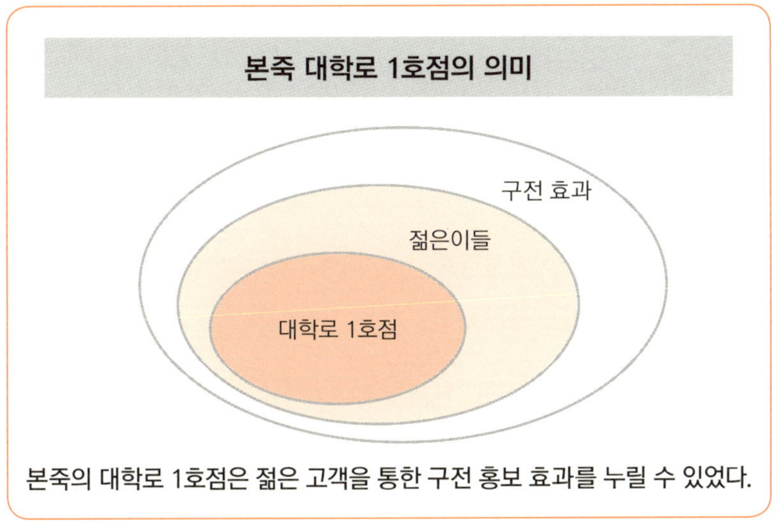

본죽의 대학로 1호점은 젊은 고객을 통한 구전 홍보 효과를 누릴 수 있었다.

제3의 매장으로 계획을 가지고 있었기 때문이다. 젊은이들이 모여
드는 지역에서 구전을 통한 홍보 효과는 '죽'을 알리는 마케팅 수단
이 되고, 젊은이들로부터 전해지는 피드백으로 메뉴를 검증할 수
있는 장점도 있었다.

선식전문업체인 태광식품의 경우도 마찬가지다. 김도백 사장은
처음에 재래시장과 대형 슈퍼마켓 중심으로 판매를 시작했지만, 매
출 성장에 한계가 있다는 것을 깨닫게 되었다. 이에 그는 백화점에
들어가기로 결심했고, 국내에서 가장 큰 백화점의 본점에 입점을
추진했다. 이곳이 바로 롯데백화점 소공동점이다. 이곳에서 인정을
받고 나자 롯데백화점의 기타 지점으로 확산되었고 다른 백화점으
로 진출하는 것도 수월했다.

물론 무조건 강남이나 대학로를 고집할 수는 없다. 업종에 어
울리는 최상의 지역을 선정하는 것이 중요하다. 그런 점에서 일회
용 은박용기를 개발한 길천물산의 안희규 사장은 서울의 방산시장
에 매장을 오픈했다. 방산시장은 홈베이킹 재료와 제과제빵 재료들
을 파는 상인들이 많은 곳이었기 때문에 그곳을 찾는 고객들이 은
박제품에 관심을 보이는 것은 당연지사였다. 안희규 사장은 기존에
형성되어 있던 시장에 그야말로 숟가락만 잘 얹어서 손쉽게 고객층

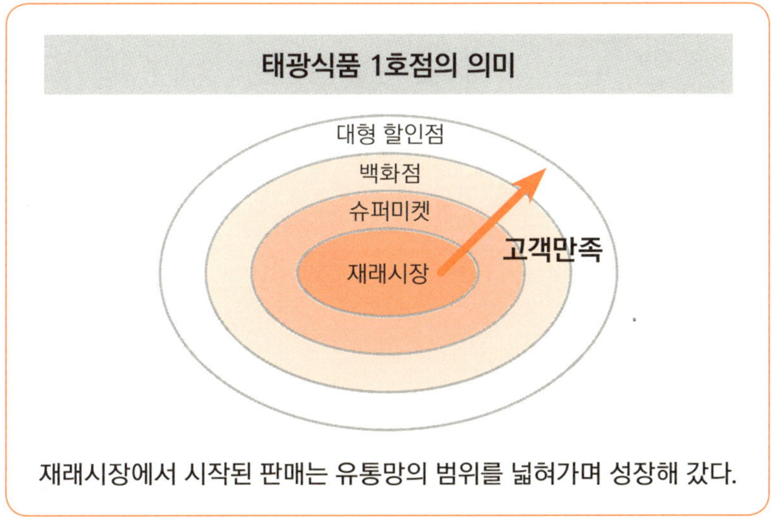

재래시장에서 시작된 판매는 유통망의 범위를 넓혀가며 성장해 갔다.

을 확보한 케이스다.

1호점 개점은 이처럼 '똑' 소리 날 만큼 현명하게 해야 한다. 제품 개발도 아주 중요한 단계라고 했지만 입지선정 단계도 그에 버금갈 만큼 중요하다. 정말 맛있는 집이 한라산 꼭대기에 있다면 어떻겠는가? 과장된 표현이긴 하지만 어떻게 됐든 불편한 위치는 손님들을 멀어지게 하는 원인이 된다.

1호점은
전략기지다

1호점이 중요한 이유는 또 있다. 1호점은 우리가 생각하는 것보다 더욱 많은 역할을 할 수 있기 때문이다. 또다시 길천물산의 안희규 사장의 사례를 살펴보자. 안희규 사장은 일회용 은박제품을 팔기 위해 제일 먼저 방산시장을 전략기지로 삼았다. 탁월한 입지 선정 덕분에 방산시장을 찾는 고객들은 그가 판매하는 은박제품에 금방 호기심을 보여 왔다.

반짝거리는 은박용지를 이리 뒤지고, 저리 뒤지는 등 소비자들은 제품의 쓰임새에 대해 연거푸 물어보았다. 은박제품의 쓰임

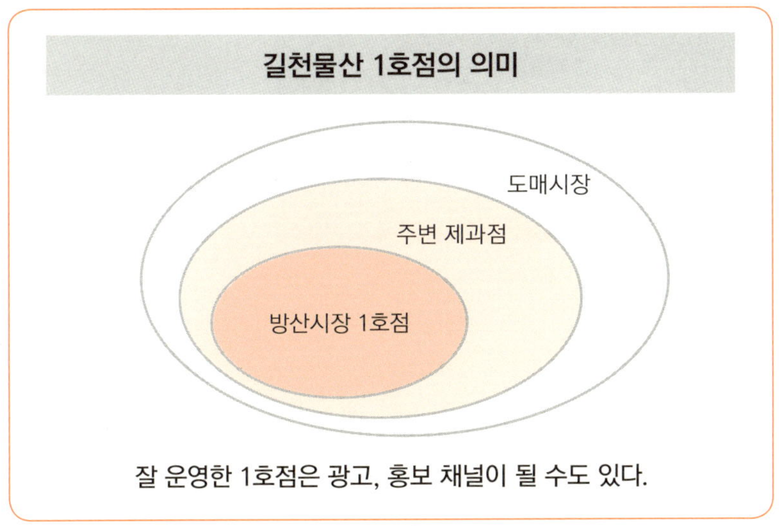

을 들은 고객들은 "이런 게 있었다니 정말 편리하네요!"라며 반응을 보여 왔다. 한편으로는 "다양한 크기별로 있으면 더 좋을 것 같네요"라며 나름의 제품 평을 내리기도 했다. 이렇듯 안희규 사장은 방산시장 1호점을 소비자들의 평가와 목소리를 듣기 위한 창구로 활용했다.

태광식품의 김도백 사장은 고객 평가에서 더 나아가 새로운 제품 개발에 대한 정보 수집의 수단으로 1호점을 활용했다. 이

태광식품 백화점 판매 모습

를 위해 롯데백화점 입점 후, 전문교육을 받은 건강 도우미들을 전 매장에 배치했고 고객들에게 직접 선식을 만들어주도록 지시했다.

그러던 차, "미숫가루는 다 좋은데, 먹고 나면 입에 가루가 묻는 게 싫더라고요. 뭐, 제품 특성상 어쩔 수 없는 것이지만"이라고 무심코 흘린 고객의 말에서 신제품 아이디어를 얻을 수 있었다. 이를 계기로 물이나 우유 등 음료에 잘 풀리지 않던 선식입자가 아닌, 바로 씹어서 먹을 수 있는 과립형 선식을 세계 최초로 개발하기에 이른다.

또 다른 특징은 본아이에프 김철호 대표에게도 찾을 수 있다. 현재 본죽은 1,000여 개가 훨씬 넘는 가맹점이 전국에 포진하고 있지만, 처음 100개까지는 자연스럽게 그리고 자발적으로 생겨났다고 한다. 이유인즉슨, 본죽 1호점이 '맛있는 죽집'으로 입소문이 파다하게 퍼지다 보니 창업의 기회를 엿보고 있던 수많은 사람이 너도나도 가맹점을 내기 시작한 것이다. 그러다 보니 가맹점이 100개까지 돌파하는 시간이 불과 1년도 채 걸리지 않았다. 이처럼 스스로 잘 운영한 1호점은 그 자체만으로도 광고, 홍보 채널이 될 수 있다.

그뿐만 아니라 김철호 대표는 1호점을 경쟁사 정보 수집의 창구로도 활용했다. 본죽의 문을 연 후, 본비빔밥, 본국수대청, 본도시락을 연이어 오픈하면서 새로운 시장에도 과감히 도전장을 내밀었다. 그는 이렇게 새로운 브랜드를 내놓을 때마다 1호점을 통해 시장의 움직임을 읽고자 했다.

매장을 방문하는 손님을 통해, 거래하는 거래처를 통해 경쟁사에 대한 정보나 전반적인 시장 분위기에 대한 정보를 얻었다. 그 후 공격적으로 2호점, 3호점으로 늘려나가는 전략을 펼쳤다. 1호점을 통해 기업의 경쟁력을 더욱 강력하게 키우는 재정비의 시간을 가진 것이다.

이러한 내용만 보더라도 1호점의 위력이 얼마나 크고 대단한 것인지 가슴 깊이 절감할 수 있을 것이다. 나라를 세울 때에도 도읍지를 잘못 선정하면 나라가 부강하지 못하고 세력이 약해지듯이 사업을 시작할 때에도 마찬가지다. 이 때문에 창업에서 첫 번째 기지를 선정하는 것은 신중에 신중을 기해야 하는 것이다.

전략적으로
1호점을 마케팅하라

매장문을 열었다고 무조건 손님이 몰려오리라 생각하는 창업자는 없을 것이다. 이는 그야말로 감나무 아래에서 감 떨어지기만을 기다리는 것처럼 바보 같은 일이다. 따라서 광고와 홍보, 마케팅은 필수인 시대이며 1호점의 광고는 더더욱 중요하다. 이러한 홍보 마케팅은 크게 다섯 단계의 방법이 있다.

그 내용을 자세히 살펴보자. 신규 1호점을 창업한 당사자가 대기업이라면 막대한 비용을 들여 광고와 마케팅을 펼칠 수 있겠지만, 소자본 창업자로서는 엄두도 못 내는 일이다. 따라서 소자본 창업

5단계 마케팅 방법	
제1단계	무료 마케팅
제2단계	인터넷·모바일 마케팅
제3단계	미디어 마케팅
제4단계	사회공헌 마케팅
제5단계	제품광고 마케팅

자들은 적은 비용으로 최대의 홍보 효과를 내는 것이 제1의 목표가 될 수밖에 없다. 이때 손님을 끌어모을 수 있는 첫 번째 방법은 단연 '무료 마케팅'이다. 예컨대 소비자에게 무료로 제품을 나눠주거나 서비스를 제공하는 방법이다.

유성농산 이춘길 사장은 무료 체험을 통해서 톡톡한 시장 확대 효과를 누린 사례로 꼽힌다. 그가 오리농장을 처음 설립했던 1998년 당시에는 국민 1인당 오리고기 소비량이 0.1마리 정도(100g)였으니 오리고기에 대한 사람들의 인지도는 그야말로 '제로' 수준에 가까웠

다. 그런 그가 오리고기 제품
을 처음 알리기 위해 펼쳤던
전략은 다름 아닌 '무료 시식
회'였다. 공짜로 먹어보라고
권하는데 싫다고 화낼 사람
은 없었다. 그렇게 무료 시식
회를 펼치자 반응은 가히 폭
발적으로 일어났다. 입소문

유성농산 유황오리고기 무료 시식회

을 통해 손님이 기하급수적으로 늘어났고, 오리고기의 소비량도 눈
에 띄게 늘어났다.

이렇듯 개업 전의 시식회는 입소문 마케팅의 한 수단으로 쓰일
수 있다. 무료지만 제품의 맛을 본 이들이 직접 맛을 알리는 홍보도
우미로 활약하게 된다. 물론, 개업 후에도 마찬가지로 시식회를 열
수 있는데, 이는 새로운 고객의 유치는 물론 고정고객의 유지를 위
한 수단으로 쓰일 수 있다.

은박용 일회용품업체인 길천물산의 안희규 사장도 제일 처음 방
산시장에서 가게를 운영할 때, 이춘길 사장과 비슷한 전략을 취하
기도 했다. 왜냐하면 1980년 당시 은박제품은 사람들에게 매우 생

소한 것이었기 때문이다. 그래서 안희규 사장은 홈베이킹 재료와 제과제빵을 사기 위해 돌아다니는 사람들에게 무료로 은박 샘플을 나눠주면서 제품의 용도를 직접 설명하고 나섰다. 그 결과 샘플을 받아든 사람들이 시장을 다 둘러본 후, 꼭 다시 들려서 "아까 줬던 그 제품, 한 묶음만 주세요"라며 사가곤 했다. 이런 사례들은 소비자들에게 제품을 직접 경험할 수 있게 하는 것도 좋은 전략이 될 수 있다는 점을 시사한다.

참존화장품은 창업주인 김광석 회장이 창업 초기에 직접 도입한 무료 샘플 마케팅으로 큰 효과를 거둔 대표적 기업이다. 대기업들이 주로 차지하고 있는 시장에서 살아남아야 했지만 이름도 없는 중소기업의 화장품을 누구도 알아주지 않던 때였다. 김광석 회장은 고민 끝에 판매용으로 만들었던 영양크림을 모두 거둬들여 5그램짜리 무료 샘플로 만들었다.

품질만큼은 자신 있었던 그였기에 사람들이 한번만 사용하도록 만들면 얼마든지 지속적인 판매도 가능하다고 확신했다. 그래서 시작한 것이 바로 무료 샘플 마케팅이었다. 이것은 '샘플만 써봐도 알아요!'라는 광고 문구와 함께 공전의 히트를 기록했다. 실제로 김광석 회장의 예상처럼 사람들은 무료 샘플을 통해 화장품의 효과를 직접 확인한 후 샘플과 동일한 제품을 사기 시작했다. 이것이 지금의 참존화장품을 있게 했음은 물론이다.

이처럼 무료 시식회, 무료 샘플 증정과 같은 무료 마케팅 전략도 중요하지만, 인터넷과 모바일을 활용한 마케팅 방법도 최근의 빼놓을 수 없는 마케팅 수단이다. 특히 요즘은 인터넷, 모바일이 워낙 발달한 시대이기 때문에 고객들은 제품, 또는 가게를 찾기 전에 인터넷을 통해 정보를 먼저 수집하는 경향이 있다. 최근 들어 폭발적인 성장세를 보이고 있는 티켓몬스터, 그루폰 등과 같은 소셜커머스가 소상공인, 중소기업들의 또 다른 유통, 홍보 채널로 주목받고 있는 것도 이러한 시대적 흐름과 무관하지 않다 볼 수 있다.

일례로 기존의 질서가 무너진 뉴미디어 산업에서는 각 사업참여자가 상호 협력과 경쟁을 통해 뉴미디어를 더욱 발전시키고, 새로운 사업 기회를 확대해가는 변화가 전망된다. 각자의 생존과 사업 영역의 확대를 위해 인근 영역과 결합 또는 확대가 활발하게 이뤄질 것이며, 이러한 결합과 확대를 통해 사업자의 발전이나 소멸이 나타나게 된다.

이러한 변화를 통해 뉴미디어 에코 시스템이 등장할 것으로 보인다. 뉴미디어 에코 시스템은 새로이 합류할 참여자를 끊임없이 양

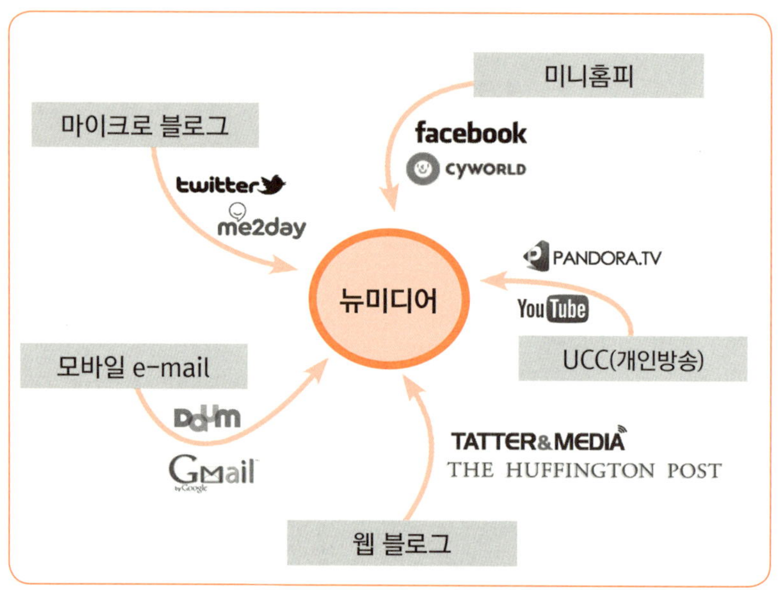

성해낼 것이며, 전달의 방식이나 통합의 방식과 더불어 사용자 접점(POC)의 모습까지도 변화시켜갈 것으로 예상한다. 이로써 새로운 형태의 미디어가 등장하게 될 것이다.

마이크로 블로그란 한두 문장 정도의 짧은 메시지를 이용해 여러 사람과 소통할 수 있는 블로그의 한 종류로 미니블로그(mini-blog)라고도 불린다. 웹상에서 인간관계를 강화시키거나 새로운 인간관계를 형성할 수 있도록 해주는 서비스인 소셜 네트워크 서비스 (SNS, Social Network Service)의 일종으로, 최근 큰 호응을 얻고 있는 미국의 트위터(Twitter)가 대표적인 예다. 특히 트위터는 열풍이라 할 만큼 큰 인기를 끌고 있으며 이를 통해 마이크로 블로그에 대한 관심도 급증하며 유사한 서비스들이 빠르게 등장하고 있다.

NHN의 미투데이(me2day) 서비스를 위시해 모바일 블로그를 표방한 SKT의 '토씨', 데이콤멀티미디어인터넷의 '팅플' 등 대형 인터넷업체의 서비스뿐 아니라 중소업체들에서도 다양한 서비스를 선보이며 시장이 점차 확대되고 있다. 엠엔씨 소프트의 '플레이톡', 지역 정보를 제공하는 나우프로필의 '런파이프', 특정 주제에 대한 정보 공유기능을 강화한 '톡픽' 등도 있다. 더불어 최근 실시간 의사소통 시스템으로 '카카오톡'이 기존의 SNS기능과 더불어 단문메시지 서비스(SMS)를 대체할 정도로 확산되고 있다.

세계적으로 큰 인기를 끌고 있는 트위터란 140자 이내의 짧은 메시지를 인터넷이나 스마트폰을 통해 입력해 다른 사용자들과 나누는 서비스다. 2006년 3월 샌프란시스코 지역의 벤처 기업인 오비어스 코프(Obvious Corp.)가 처음 개발했다. 트위터는 내가 따를 사람(following)을 마음대로 선택하고 타인은 내 동의 없이 나를 따르는

(follower) 구조로 되어 있다. 이로써 나의 선택에 따라 다른 네티즌의 글을 마음대로 볼 수 있는 것이 특징이다.

트위터는 블로그의 인터페이스와 인맥 생성기능, 인스턴트메신저의 실시간 연결기능을 모두 갖춘 SNS로 미국을 시작으로 점차 전 세계인의 관심 대상이 되었다. 국내에서는 최근까지도 사용자가 드물었지만, 2009년 피겨 스케이팅 선수 김연아의 가입 뉴스를 계기로 주목을 받기 시작해 사용자가 급증했다.

싸이월드와 같은 소셜 네트워크 사이트는 상대방과 내가 서로 동의해야 서로 올린 글을 볼 수 있지만, 트위터는 누구나 볼 수 있도록 개방되어 있기 때문에 여론몰이에 더욱 큰 효과를 발휘한다. 즉, 스마트폰을 통해 언제 어디서나 트위터에 접속해 자신의 의견을 빠르게 표현하고 자신의 인맥을 통한 리트윗(retweet)으로 DB, 정보, 지식을 기하급수적으로 전달할 수 있다. 또한 리트윗을 통해 미디어에 자유를 부여함으로써 소통의 자유가 보장된다.

그렇듯 트위터는 내가 글을 올리고 타인의 글을 봐야 하는 구조로 만들어진 단순 플랫폼이다. 이것은 자기가 미디어를 생산하고 소비하는 '1인 미디어', 프로슈머의 원형이기도 하다. 자발적이고 능동적인 미디어 생산과 소비가 이루어지게 된다. 트위터는 이러한 속성에 따라 개인들이 직접 참여할 수 있는 모든 분야에 큰 영향을 끼치고 있다. 지난 2009년 이란사태를 CNN보다 빠르게 생생하게 전달한 사건이나, 2010년 추석 연휴기간 중 모든 대중 매체 기자들이 휴가 중일 때 발생한 부산 해운대 주상복합 아파트 화재사건 등에서 트위터는 기존의 미디어보다 훨씬 빠르고 정확하게 전달하고 있음을 알 수 있다.

이미 오프라인의 스타들이 온라인상에서 메인 역할을 하고 있다. 정치, 기업, 디자인, 도서, 명상, 경영 등 모든 분야의 거장들이 트위터를 개설하면 팔로워(follower)가 바로 몇 천 명에서 나아가 몇 십만 명이 된다. 오프라인의 영향력이 바로 온라인의 영향력이 된다. 하지만 팔로워의 숫자가 많다는 것이 반드시 영향력과 직결되지는 않는다. 미국 노스웨스턴대의 연구 결과에 따르면 특정 분야의 전문지식을 전달하는 사람들의 영향력이 훨씬 크다고 한다.

NHN의 미투데이는 2007년 개시된 서비스로, 자신의 인터넷 공간에 다양한 방법으로 짧은 문장을 게시하면 실시간으로 다른 사람들에게 보이고, 보는 사람들은 댓글 등을 통해 커뮤니케이션을 하는 기본 구조로 되어 있다. 여타 국내의 기존 블로그 등과 달리 회원가입에 별다른 제약 없이 자유롭다.

　게시물의 문자 제한은 150자이고, 각 게시물에는 개별적으로 태그(tag)를 붙일 수 있다. 하나의 특정 정보에 다수의 태그가 붙게 되면 그 정보의 다양한 연관성을 보여줄 수 있고 이렇게 제공된 정보나 자료는 접근이 쉽다는 장점이 있다. 이로써 정보 검색과 노출, 분류, 다른 자료와의 네트워크 연계가 쉬워진다. 트위터가 게시물의 삭제를 허용하는 반면, 미투데이는 게시물을 수정하거나 삭제할 수 없다. 또한 인맥 생성 방법도 트위터와 달리 상대의 허락을 구해야 한다.

　이처럼 트위터나 미투데이와 같은 마이크로 블로그는 콘텐츠 작성의 단순성과 즉각적인 쉽고 빠른 피드백을 통한 커뮤니케이션에 의존한 밀착성, 자유로운 접근성을 지니고 있는 것이 큰 장점이다. 지금 자신이 하는 생각과 행동이 중요한 콘텐츠가 되며, 개인 고유의 소소한 일상과 경험 등이 기록되고 저장되는 공간에서 게시물이 타인에게도 흥미를 불러일으키고 의미 있는 것으로 재탄생되며 유통된다.

　기존의 블로그와는 다른 새로운 커뮤니케이션방식으로 사용자들에게 매우 매력적인 매체로 자리매김하고 있다. 마이크로 블로그는 언제 어디서나 제한된 글자 수 내에서 자신을 표현함으로써 자신을 재창조하고 사회적 관계 속에서 연결성을 확장해나가고 있다. 앞으로 마이크로 블로그가 새로운 커뮤니케이션의 방식으로 더욱 거듭나게 될지는 지켜봐야 하겠지만 이러한 커뮤니케이션방식은 미디어 산업의 콘텐츠 생산에서 매우 중요한 사안으로 작용할 것으로 전망된다.

개인 가상공간 서비스인 미니홈피는 네티즌들이 직접 꾸미고 서로 초대할 수 있는 공간으로, 함께 활동하면서 네티즌 간의 인맥을 형성하는 '1인 미디어'를 말한다. 1인 미디어는 블로그와 유사한 서비스로써 싸이월드를 시작으로 많은 사람에게 알려졌다. 대표적으로 미국의 페이스북(Facebook)과 마이스페이스(Myspace), 그리고 우리나라의 싸이월드(Cyworld) 서비스가 있다.

UCC는 User Created Contents의 약자로 UGC(User Generated Contents)라 불리기도 한다. 사용자가 제작한 콘텐츠를 의미하며 넓은 범위에서 보면 카페나 블로그, 미니홈피 등에 게시하는 모든 종류의 게시물을 포함한다. 하지만 최근에는 텍스트 위주의 창작물보다는 동영상 창작물을 주로 일컫는다. 대표적인 동영상 콘텐츠로는 전 세계적으로 퍼진 프리허그(free hug) 동영상이 있다.

UCC는 정보의 소비자가 프로슈머로서 활약하면서 만들어진 대표적인 문화 현상으로, 사용자 중심이 기본인 Web 2.0 시대에 가장 적합한 콘텐츠 형태로 주목받고 있다. 이처럼 UCC에 대한 인식이 높아지면서 최근 포털사이트들이 동영상 검색기능을 추가하고 UCC 관련 채널을 늘리는가 하면, UCC 전문 사이트들도 높은 방문자 수를 기록하고 있다.

UCC 사이트만 하더라도 '유튜브', '판도라TV', 'Uccc', '풀빵닷컴', '매스피디', '클럽박스', 'Uccin' 등 그 수를 헤아리기 어려울 정도로 크게 활성화되어 있다. 또한, 기존의 각종 포털 사이트(다음, 네이버, 야후 등)도 UCC의 업로드 및 다운로드, 시청이 가능한 시스템을 구축하고 있다. 이들은 다른 사이트와의 연계를 통해 프로슈머들이 손쉽게 접하고 활용할 수 있도록 하고 있다. 일부 UCC에서는 1인 방송국 개설을 지원해 개인이 각각의 방송국을 통해 자신만의 방송을 제공하는 서비스도 있다.

블로그는 인터넷을 의미하는 웹(web)과 일지, 기록 등을 뜻하는 로그(log)를 합친 합성어로 사용자 스스로 가진 느낌이나 품어오던 생각, 알리고 싶은 견해나 주장 같은 것을 웹에다 일기(로그, 기록)처럼 차곡차곡 적어 올려서 다른 사람도 보고 읽을 수 있게끔 열어놓은 글 모음을 말한다. 특히 블로그의 콘텐츠는 손쉽게 대중에게 공유될 수 있는 특징을 가지고 있다. 기존의 개인 홈페이지는 전문 웹 제작 도구를 통해서만 제작할 수 있었다. 반면, 블로그는 웹상의 개인 공간을 누구나 원하는 모습으로 손쉽게 만들 수 있게 함으로써 수많은 개인의 참여가 가능하다.

또한 자신이 올린 글과 사진 등의 콘텐츠를 다른 블로그와 공유할 수 있는 특징을 가지고 있다. 이는 곧 일반적인 검색엔진에도 노출되면서 주요 정보 제공 소스로 자리 잡고 있다는 것을 보여준다. 더불어 개인적으로 블로그를 개설하고 이용하는 다수 이용자가 상호작용적인 기능과 오락, 문화적인 기능 외에도 환경감시의 기능 등 대안언론의 기능을 수행하고 있다. 대표적인 예로 2003년 2월 대구 지하철 참사 당시 각 신문사는 지하철이 화마에 휩싸이기 직전의 사진을 게재했다. 이 사진은 당시 지하철에 타고 있다가 사고를 피했던 한 개인이 운영하던 웹 블로그에 올렸던 사진을 구해 신문에 실었던 것이다. 이 사진은 방송사 보도에도 사용되었다.

기자간담회도 마케팅 수단의 한 방법이 된다. 기자들과 직접 대면해 대화를 나눔으로써 회사와 제품, 서비스에 대해 충분히 알릴 수 있는 장이 되기 때문이다. 커피전문점 카페베네의 김선권 대표는 카페베네 매장을 론칭할 때는 물론, 최근에 론칭한 제2 브랜드이자 이탈리안 레스토랑인 블랙스미스의 오픈 당시에도 대대적인 기념행사와 기자간담회를 열었다. 이렇게 그가 기자간담회에 공을 들이는 이유는 언론을 통해 객관적인 기사나 보도로 다뤄지게 되는 것이 다른 광고 수단보다 소비자들에게 신뢰감을 줄 수 있고, 그만큼 홍보 효과도 배로 커지기 때문이다.

한편, 사회공헌활동도 간접적으로는 마케팅 수단이 된다. 마케팅을 목적으로 해서는 안 되겠지만 그 효과도 무시할 수 없다. 본 아이에프 김철호 대표는 제삼세계 기아들을 위해 뜨거운 물만 부으면 죽으로 만들어 먹을 수 있는 동결건조죽을 개발해 지원활동을 펼치고 있다. 애초에 죽은 제삼세계 기아들에게 가장 적합한 식품이지만 그 먼 곳까지 운반을 하는데 어려움이 많았다. 보관 시간이 길지 않고, 부피가 컸기 때문이다. 그렇다고 원료를 보내 조리해 먹을 수 있도록 한다는 것도 말이 되지 않았다. 이에 고민 끝에 개발하게 된 것이 동결건조죽이다. 부피를 줄이고, 배송의 어려움을 줄이는 동시에 먹기도 간편했다. 이를 두고 김철호 대표는 농담처럼 이런 말을 하곤 한다.

"죽이 이렇게 좋은 일에 쓰이게 될 줄은 정말 몰랐습니다. 죽 쒀서 뭐 준다더니, 우리는 죽 쒀서 이렇게 좋은 일에 쓰고 있습니다!"

동결건조죽에 이어 김철호 대표는 최근 들어 연세대학교와 MOU를 맺어 암 환자 전용죽 개발에도 힘쓰고 있다. 유성농산 이춘길 사장은 지역 내 노인복지관과 제휴를 맺어 노인들에게 매월 일자리를 제공하고 있다. 이처럼 기업이 가진 역량을 사회의 필요한 곳에 기부하는 것은 기업가의 사명감을 높이는 일이기도 하지만, 마케팅 측면에서 해석해보자면 기업의 이미지를 긍정적으로 만드는 데 큰 역할을 한다. 이러한 인식의 변화는 장기적인 관점에서 바라볼 때 더욱 효과적이다. 특히 위 두 기업의 사례는 기업이 가진 역량과 사회적 니즈를 연계함으로써 사회공헌의 시너지를 창출한 좋은 본보기라 할 수 있다.

마지막으로 두말할 것도 없이 효과적인 마케팅 방법을 꼽자면 신문이나 TV에 광고를 내는 전략이라 하겠다. 하지만 이들 매체는 막대한 매체력을 자랑하기 때문에 광고비용도 그만큼 많이 든다. 따라서 솔직히 가장 권하고 싶지 않은 방법이기도 하다. 만약 유명 연예인을 광고모델로 출연시키게 된다면 광고단가는 '억' 소리 나게 높아질 수도 있다. 물론 기대 이상의 효과를 거두는 예는 많다. 대표적으로 카페베네의 사례를 들 수 있다. 김선권 대표는 스타 마케팅을 중심으로 드라마 PPL, 신문·TV 광고를 대대적으로 펼쳤다.

그 결과 카페베네 커피가 '한예슬 커피'로 인식되면서 브랜드 파워가 빠르게 올라가는 효과를 거두기도 했다.

김선권 대표가 카페베네 사업 초창기에 스타 마케팅을 시도하려고 할 때만 해도 연예기획사에서는 카페베네 브랜드의 인지도가 낮다는 이유로 모델 추천을 꺼리기도 했다. 그러나 결과적으로는 커피전문점이 주는 대중적이고 고급스러운 이미지가 맞아떨어지면서 좋은 효과를 거두었다. 모델로 기용된 배우 한예슬은 미국에 직접 카페베네를 오픈했을 정도다. 특히 카페베네의 스타 마케팅은 놀라운 구전 효과 덕에 한동안 한 연예기획사의 계열사라는 오해 아닌 오해를 사기도 했다. 이러한 오해는 오히려 브랜드 마케팅에 큰 도움이 되기도 했다는 후문이다.

Step 05:
Business

발품영업을
생활화하라

영업의
3단계

영업은 쉽게 말해 연애와도 같다. 우리가 호감을 느낀 누군가와 가까워지는 과정을 생각해보자. 처음에는 당연히 상대도 나에게 호감이 있는지 궁금해 하게 된다. 만약 그 상대가 나에게 먼저 말을 걸어준다면 더욱 금상첨화(錦上添花)일 것 같다. 하지만 아쉽게도 그렇지 않다면 어떻게 할까? 호감의 상대를 쉽게 포기할 수는 없다. 그 상대와 친분이 있는 지인을 활용해 가까워질 기회를 만들게 된다. 친구나 가까운 사람에게 부탁해 자리를 만들거나 우연이라도 마주치도록 노력할 것이다. 만약 이런 방법들도 먹히지 않는

다면 무작정 호감의 상대에게 들이대는 예도 많다. 집 앞으로 찾아
가보기도 하고, 같이 영화를 보자며 슬쩍 메시지를 보내기도 하면
서 말이다.

영업도 마찬가지다. 고객은 내가 호감을 느낀 상대이며, 나는 고
객을 향해 끝없이 짝사랑을 고백하기 위해 애를 써야 한다. 식당의
영업을 예로 들어보자. 매장의 문을 열고 난 뒤, 가만히 있어서는
손님이 몰려들지 않는다. 짝사랑의 대상에게 끊임없이 러브콜을 하
고 잘 보여서 호감을 끌어내기 위해 노력해야 한다. 고객 유치가 쉽
지 않으면 가까운 지인들에게 친구들을 데리고 가게에 한번 들리라
고 귀띔을 하기도 한다. 그래도 고객의 호감을 얻지 못하면 가게 밖

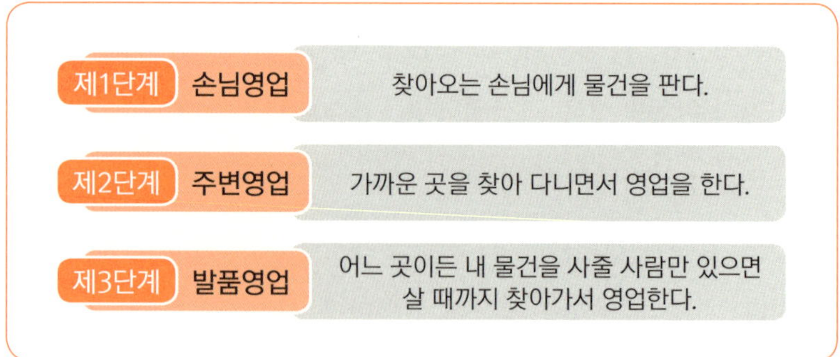

으로 나가 전단을 뿌린다든가, 무료 시식회를 연다든가 하는 방식으로 어필하기 위한 전략을 쓴다. "우리 가게에 한번만 들려주세요"라고 말하면서 말이다.

　이렇듯 연애가 '나'를 파는 과정이라면 영업은 '상품 혹은 서비스'를 파는 과정이라 하겠다. 연애를 하는 사람이든, 영업을 하는 사람이든 대다수의 사람들은 앞의 그림과 같은 3단계를 비유적으로, 또는 직접적으로 생각해볼 수 있을 것이다. 단계별 영업 전략의 내용은 다음에서 구체적으로 살펴보도록 하자.

찾아오는 손님을
만족시켜라

기회는 여러 번 찾아오지 않는다. 내 매장에 우연하게 들른 손님이 처음이자 마지막이 되지 않도록 하기 위해서는 그 손님을 붙잡을 수 있도록 최대한 노력해야 한다. 식당이라면 최고의 맛과 서비스로, 일반 제품을 파는 곳이라면 최고급의 품질과 디자인으로 시선을 끌고 재방문을 유도해야 한다.

사실, 처음 창업을 했을 당시엔 자신만의 사업 수완과 노하우가 완벽하게 갖춰진 상태도 아니고, 더욱이 손님을 끌어오려 영업을 하려 해도 선뜻 용기가 나지 않을 때다. 그럴 땐 무리해서 영업에 나서

기보다는 찾아오는 손님부터 차근차근 만족시키면서 신뢰를 쌓고 내실을 다져가야 한다.

본아이에프 김철호 대표의 영업원칙부터 살펴보자. 그는 정성과 사랑, 어머니와 같은 마음으로 찾아오는 손님들을 대하겠다는 것을 첫 번째 영업원칙으로 삼았다. 한 예로 절대 배달을 하지 않겠다는 그만의 원칙은 1호점 창업 후 약 10년이 지난 지금까지도 여전히 지켜지고 있다. 이유인즉슨 '죽'은 패스트푸드가 아니므로 배달을 하게 되면 정성이 들어가야 하는 특유의 죽 맛을 지킬 수 없다는 판단에서였다. 그런 그의 원칙은 찾아오는 손님들을 감동하게

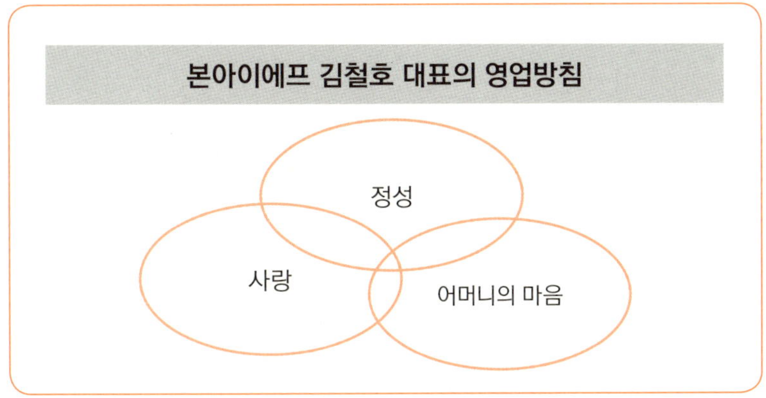

했고, 일단 매장을 직접 찾아와서 죽을 맛본 손님들은 두 번, 세 번 꼭 다시 찾아주었다.

김철호 대표는 가맹점을 개설하고자 찾아오는 그의 또 다른 손님들, 즉 예비창업자 관리에도 심혈을 기울였다. 레시피 교육은 물론 밑반찬, 물김치를 냉장고에 넣는 시간까지 일대일로 전수하면서 철저하게 가맹점주들을 교육했고, 본인이 가진 경영 지식과 노하우까지 아낌없이 공유했다. 이것이 바로 본죽이 전국적으로 '맛있는 죽집'으로 소문날 수 있었던 비결이었다. 이러한 입소문 효과는 가맹점들을 더욱 늘어나게 하는 기폭제 역할을 했다.

프랜차이즈 분식점인 아딸이 지금처럼 900여 개의 가맹점을 확보하게 된 것도 1호점에서 시작된 입소문 덕분이다. 동네 시장에서 그릇가게를 운영하던 한 상인이 아딸 창업을 우연히 문의해왔고, 이것은 1호점의 인연으로 이어졌다. 표준화된 맛과 서비스로 포장 손님이 줄을 잇고, 그릇가게를 운영할 때와는 전혀 다른 수입이 보장되었다. 그러자 1호점 점주의 친인척들로부터 연달아 가맹점 오픈 문의가 쏟아져 들어왔다. 이렇게 순식간에 10호점을 넘겼다. 아딸의 이경수 대표는 지금까지 단 한 차례도 사업설명회를 통한 무조건 광고를 한 적이 없을 정도다. 필요 없기도 하거니와 무조건 창업을 통해 본사만 배를 불리는 일은 없게 하기 위함이다.

중·고등학교와 사업체급식을 위탁 운영하는 LSC푸드 역시 첫 번째 사업장에서 새로운 사업장으로 확대해나갈 때 가장 큰 도움이 되었던 것은 기존 사업장을 중심으로 돌게 된 입소문이었다. 아무런 실적이 없는 상태에서 첫 번째 급식위탁 실적으로 사용자들의 인정을 받았고, 이것은 무엇보다 훌륭한 마케팅 요소가 되었다. 또한 정기옥 회장이 운영하는 실제 사업장을 실사하기 위해 방문해 보면 실적이 적다는 점에서 비롯되는 미심쩍음도 쉽게 사라졌다. 여기에 직접 식당을 이용하는 학생과 학부모들의 생생한 증언은 더없이 훌륭한 홍보 수단이 되었다. 이것이 곧 영업활동의 핵심이라 할 수 있을 것이다.

한편, 길천물산의 안희규 사장은 찾아오는 손님만을 응대하는 것만으로는 한계가 있다는 점을 깨닫고 직접 시장으로 나가 고객에게 다가선 경우다. 당시 일본에서 직접 벤치마킹해온 1회용 은박 제품은 제품 활용도도 높고, 편리함도 갖춘 제품이었지만 사람들의 인지도가 낮다는 것이 가장 큰 문제점이었다. 따라서 사람들이 제품을 자주, 그리고 많이 접할 수 있도록 더 많은 유통망을 확보하는 것이 관건이었다. 그런 그는 방산시장이라는 유통 기점으로 제

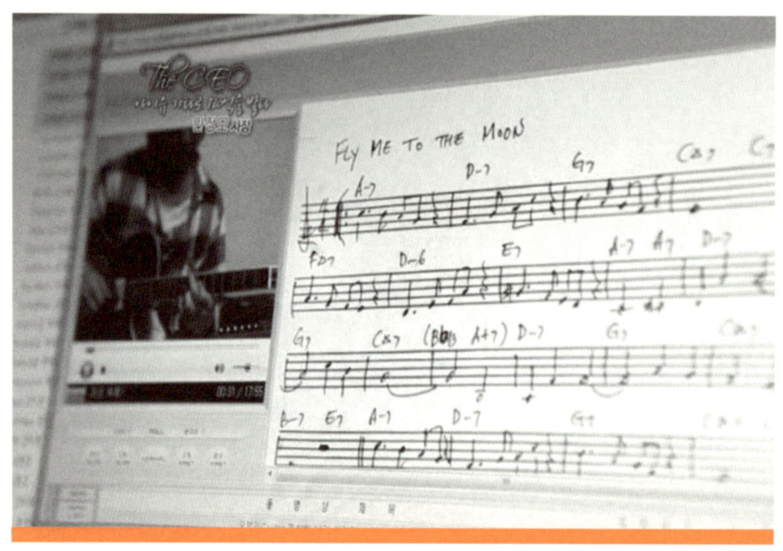

스쿨뮤직의 강의동영상

품을 알리고 매출을 확대시켜 갔다.

　강의동영상 사이트에서 악기 쇼핑몰까지 확대하며 성공가도를 달리기 시작하게 된 스쿨뮤직의 안정모 대표의 예를 들어보자. 안정모 대표는 애초에 강의동영상 콘텐츠를 유료화해 수익을 올리겠다는 생각을 했었다. 그러나 인터넷 시장의 흐름상 유료 콘텐츠에 대한 거부감이 강했고, 이는 그의 생각대로 쉽게 성사되지 않았다.

　결국, 고민 끝에 그가 선택한 방법은 강의동영상 콘텐츠는 사이트 방문 고객의 호기심을 자극하는 연결고리로 활용하고 직접적인 수익모델은 악기를 판매하는 것으로 했다. 악기를 판매할 때에는 동영상 제작 노하우와 뮤지션 출신으로서 음악에 관심 있는 이들의 구미에 들어맞는 차별화된 소개 콘텐츠를 만들어서 게재했다. 악기의 소리를 들어볼 수 있도록 하거나 악기의 면면을 모두 살펴볼 수 있도록 다양한 사진을 올려서 오프라인 매장에서 악기를 고를 때처럼 자세한 정보를 제공했다.

악기를 사는 고객에 대한 서비스도 마찬가지였다. 고객이 제품을 받아든 즉시 연주가 가능하도록 조율 서비스를 완벽하게 제공하고 검수를 거친 후에 배송했다. 이것은 고객들의 재방문과 재구매를 유도하는 자연스러운 방법이 되었다.

찾아가는
영업을 시작하라

오라는 곳 없어도 갈 곳은 많아야 하는 것이 바로 영업활동이다. 짝사랑하는 고객을 찾아가 자신의 제품과 서비스를 어필해야 하는 일이기 때문이다. 공조기기 전문업체 세원기연을 운영하는 김용정 사장 역시 그러한 경우다. 오라는 곳은 없지만 갈 곳은 많다. 그의 갈 곳을 정해주는 것은 다름 아닌 아침 신문에서 쏟아지는 각종 정보다. 인물 동정란이나 신규 개발 정보, 건설 정보 등의 업계 동향을 체크해서 그의 '갈 곳'을 정하게 된다. 예컨대 세종시 입주 정보, 신도시 건설 정보, 대형 기업의 사옥 이전 정보 등은 공조기기 영업의 지도를 만들어준다. 그곳에 고객이 있고 수주가 있기 때문이다.

그는 1980년대 초반 조그맣게 휘장사업체를 운영할 때부터 솔선수범해서 고객을 찾아다니고 부지런히 영업활동에 나섰다. 당시 그가 주로 활동하던 무대는 국회의원들의 사무실이 모여 있는 의원회관이었다. 이곳에서 비서관들의 잡다한 심부름부터 부탁을 들어주며 안면을 익혔다. 그렇게 신뢰가 쌓이면 그들에게 작은 일을 하나씩 수주 받으며 경력을 쌓아갔다. 비서관 사무실을 들를 때는 특유의 너스레는 필수였고, 박카스 한 병이나 붕어빵 한 봉지를 들고 가는 것은 당연한 일이었다. 작은 성의는 급할 때 그를 찾게 하는 실마리가 되기 때문이다.

참존화장품을 창업한 김광석 회장은 처음 화장품 회사를 창업하고 영양크림을 개발해 판매를 시도했지만 판매가 여의치 않았다. 대기업들의 틈바구니에서 브랜드력이 떨어지는 제품을 선보였으니 고객들 누구도 관심을 보이지 않았다. 그는 제품의 효과에 충분히 자신이 있었지만 일단 사람들이 제품 자체를 써주지 않으니 답답할 노릇이었다. 한번만 사용해본다면 분명히 자신이 선보인 제품을 사람들이 알아줄 텐데, 그 한번의 기회를 잡기가 어려웠던 것이다.

고민 끝에 그는 무료 샘플을 제작해 사람들에게 배포하기 시작했다. 이어서 시작한 것이 고객초청행사다. 생산현장으로 직접 고객들을 초청해 제품의 개발 과정과 생산 과정을 보여주고, 이를 통해 제품에 대한 믿음을 심어주고 있다. 이것은 김광석 회장이 지금까지도 직접 챙기고 애착을 쏟는 행사다. 생산현장을 체험하고 김광석 회장의 진솔한 강의를 듣고 난 후, 공장을 찾았던 고객들은 제품에 대해 누구보다 강한 신뢰를 보낸다. 이들은 지속적인 제품 구매와 재구매를 잇게 하는 숨은 힘이 되었다.

일회용 은박용기를 개발한 안희규 사장이 택한 전략은 '기다리는 영업'에서 '찾아가는 영업'을 하겠다는 것이었다. 그는 가까운 제과점과 동네 구멍가게를 찾아다니기 시작했다. 처음에는 얼굴만 빨개진 채로 쭈뼛쭈뼛하다 몇 마디 못하고 나오는 경우도 허다했다. 그러나 영업도 습관이 되고 나니 별 것 아닌 일이 되어버렸다. 그 이후에는 본인 스스로 더욱 욕심이 생겨, 이곳저곳으로 찾아다니게 됐다. 뒤이어 발품영업을 할 때는 도매상을 거래처로 확보했고, 이는 길천물산의 매출 규모가 어마어마하게 커지는 계기로 작용했다. 도매업 한 곳에 납품하는 수량이 소규모 매장 3~4군데에 납품하는 양보다 몇 배는 컸던 것이다.

유성농산 이춘길 사장도 주변영업부터 시작했다. 오리 제품을 만든 후, 마땅한 판로를 찾지 못해 고민하던 이춘길 사장은 지역 마트를 돌아다니며 진열대에 자신이 만든 유황오리고기 제품을 놓아달라고 담당자들을 설득했다. 그의 노력은 여기서 그치지 않았다. 지역 내 중·고등학교를 찾아가 직접 요리한 훈제오리 제품을 맛보여주며 급식 식단에 넣어달라고 설득하기도 했다. 그러자 서서히 시장의 반응이 일어나기 시작했고 매출도 올라갔다.

그는 이 여세를 몰아 소비자 고객만이 아니라 지역 농가에도 찾아가 네트워크를 맺었다. 고정된 납품 계약을 맺고 농가들이 안정된 사육을 하도록 했다. 이를 통해 그는 원재료 공급을 고정적으로 받을 수 있기에 일거양득의 시스템을 갖출 수 있었다. 농가들의 안정된 판로 외에도 부족한 자금을 융통해주거나 대금을 선입금해주는 등의 고객 서비스로 농장주들은 '대통령보다도 더 우리의 가려운 곳을 긁어주는 이춘길 사장이 최고다!'라며 돈독한 신뢰를 보내곤 한다.

이렇듯 찾아가는 영업이란 고객에게 무엇을 받을까가 아니라 무엇을 줄까에서 시작해야 진심으로 전해진다. 고객의 돈을 뺏어오겠다는 것이 아니라 고객에게 돈 만큼의 가치를 전한다는 개념이 진정한 영업활동으로 이어진다. 사실 영업활동이란, 고객을 만나는 일이란 얼마나 어려운 일인가? 때로는 무섭고 떨리기까지 한다. 브로슈어 한 장, 카탈로그 한 권, 샘플 하나 전달하는 것조차 망설여질 때가 있다. 하지만 물건을 파는 데는 왕도가 있는 것이 아니라, 할 수 있다는 긍정적인 사고와 과감한 용기만이 필요할 뿐이다. 진정성을 갖고 움직이는 것 외에는 달리 뾰족한 수가 없으니 말이다.

무조건
발로 뛰어라

누리플랜의 이상우 회장이 지금도 영업사원들에게 흔히 하는 이야기가 있다. "현장에 가서 보고 듣고 느끼고 냄새까지 맡아라!"라는 말이다. 현장의 냄새까지 맡으라니 얼핏 들으면 과장된 표현처럼 느껴진다. 그러나 그만큼 현장을 직접 찾아가 몸으로 느끼는 것이 중요하다는 얘기다.

그가 건설 회사 일개 영업사원에서 단숨에 영업의 달인으로 인정받은 비결도 발로 뛰며 현장을 느낀 덕분이었다. 또 업계 최초로 EGI펜스를 처음 만들게 된 것도 그의 오지랖 넓은 발로 뛰는 호기심 덕분이었다. 삼성물산을 비롯해 국내 대기업들과의 계약을 줄줄이 따낼 수 있었던 계기도 마찬가지였다. 정답은 바로 '발로 뛰는 영업'에 있었다.

이상우 회장은 제대로 된 영업을 위해 직접 전국 방방곡곡을 다녔고 초짜 영업사원 시절에는 1년에 무려 10만km가 넘는 주행거리를 기록할 정도였다. 자동차 타이어를 교체한 것도 수십 번, 구두 밑창이 닳아서 버린 것만 해도 수십 켤레였다.

전통 시장과 슈퍼마켓을 주 거래처로 삼던 태광식품 김도백 사장이 롯데백화점 소공동 지점에 들어갈 수 있었던 이유도 이상우 회장의 경우와 일맥상통한다. 그는 백화점 담당자를 직접 찾아가 설득을 하며 한번만 기회를 달라고 했다. 한 번 찾아가서 안 되면 두 번 찾아가고, 두 번 찾아가서 안 되면 몇 번이고 다시 찾아갔다. 될 때까지 찾아가서 설득을 거듭했다. 이름도 없는 업체에서 더구나 생소한 제품을 팔게 해달라고 하니 백화점 측에서는 김도백 사장의 이야기를 듣고 난색을 표했다. 하지만 김도백 사장은 포기하지 않고 미숫가루와 선식이 앞으로 시장에서 먹힐 것이라며 설득에 나섰다.

한사코 열리지 않았던 백화점 담당자의 마음의 문이 열린 것은 김도백 사장의 다이어리에 적혀 있던 우리들의 맹세 덕분이었다. '우리는 내 가족이 먹을 수 있는 제품을 만든다'라는 몇 문장이 백화점 담당자의 마음을 녹였고, 그의 열정을 한번 믿어보자는 신뢰를 자아내게 했다. 이렇게 시작된 백화점 입점은 성공적인 판매로 이어졌고 더 많은 지점으로의 진출로도 이어졌다.

물론 영업활동이 반드시 신규 거래처를 확보하기 위한 활동만으로 국한되지는 않는다. 기존의 고객들을 관리하고 점검하는 것도 영업의 일환이 된다. 이와 관련해 좋은 본보기 사례로 꼽을 수 있는 것이 바로 본아이에프 김철호 대표이다. 그는 늘어난 가맹점들이 어떻게 운영되는지 살펴볼 참으로 전국 방방곡곡에 있는 가맹점들을 돌아다니던 중, 가맹점마다 죽 맛이 조금씩 다르고 분위기도 조금씩 다르다는 것을 발견했다. 같은 브랜드를 달고 판매되는 제품인데 맛이 제각각이라면 매장을 찾는 손님들에게 프랜차이즈로서의 가치는 떨어질 수밖에 없다.

이에 그는 '가맹점의 수적인 증가를 경계하고, 질적인 관리에 힘을 쏟아야 할 때다!'라는 것을 깨닫고, 그 즉시 본죽 공식 품질인증 제도를 도입하게 된다. 죽에 들어가는 각종 원재료, 해산물, 소스, 곡물뿐만 아니라 쇼핑백과 포장용기, 테이블보 등을 표준화해 서울

이든 부산이든 '본죽' 어느 지점을 가더라도 고객들이 한결같은 맛과 서비스, 분위기를 경험할 수 있게 하는 것이 인증제도의 핵심이었다. 이러한 체계화된 시스템은 본죽이 해외시장을 개척하고, 제2 브랜드, 제3 브랜드를 추가적으로 론칭하는 성장 동력이 됐다.

이렇듯 '한 번에 안 되면 두 번, 세 번, 열 번, 백 번, 될 때까지 찾아가서 영업하겠다!'라는 지치지 않는 열정과 '안 되는 일은 없다. 무조건 되게 하겠다!'라는 승부사적인 기질이 있어야 다른 사람보다 더 빠르게 성공을 쟁취할 수 있다.

영업의 끝장은 발품영업이다

지금까지 설명했듯이 기다리다가, 찾아가다가 마침내 발로 뛰는 영업이 이어지는 것처럼 영업의 발전과 활동에는 순서가 있다. 처음에는 찾아와주는 손님을 상대로 서비스를 펼치다가, 그것도 잘 안 되면 주변 가게를 찾아가서 영업을 해본다. 그러나 그것도 잘 안 되면 '이제는 이판사판이다!'라며 발로 뛰며 거래처를 찾아다니게 되는 것이다.

그렇듯 처음으로 영업을 시작하는 경우라면 차라리 발로 뛰는 영업부터 시작하도록 하자. 또다시 영업을 연애와 비교해 설명해 본다면 이 두 가지 활동에는 공통점이 있다. 상대방의 호감을 얻고 싶거나 상대방과 특별한 관계를 형성하고 싶다면 상대방의 'NO'를 두려워해선 안 된다는 의미다. 영업의 기본자세는 거절을 당해도 당당하게 다가가는 자신감이고, 연애의 기본자세는 상대방이 은근슬쩍 몇 번 튕긴다고 해도 굴하지 않고 당당히 밀어붙이는 자신감이다.

열 번 찍어 안 넘어오는 나무는 없다고 하지 않던가. 연애를 많이 해본 사람이 이성의 마음을 잘 아는 것과 마찬가지로, 영업도 하면 할수록 배짱도 좋아지고 실력도 는다. '어떻게 일일이 찾아다니면서 말해. 으~ 생각만 해도 정말 창피한 일이군!'이라고 생각한다면 차라리 사업할 생각을 접는 것이 낫다. 많은 사람을 상대할 수 있는 두둑한 배짱은 내 가게를 운영하고 내 기업을 운영하는 사장님들이라면 꼭 가지고 있어야 할 필수 요소라 하겠다.

Step 06:
Extension

사업 아이템을
확장하라

성공 또는 실패!
확장을 위한 선택의 순간

창업이수성난(創業易守成難)이라는 말처럼, 어떤 일을 시작하기는 쉬우나 이룬 것을 지키기는 참으로 어렵다. 사업을 하다 보면 위기도 수백 번 찾아오고, 그만큼 기회도 많이 찾아온다. 그럴 때마다 기업은 위기를 이겨내는 힘과 기회를 낚아채는 순발력으로 그 순간순간들을 헤쳐 나가야 한다.

대부분 기업이 경제적 위기에 허덕이게 되는 까닭은 탐욕과 무리한 사업 확장에서 비롯된다. 욕심이 많다 보니 무리하게 사업을 확장하게 되고, 자금이 부족한 상태임에도 불구하고 무리하게 돈을 끌어 쓰다 보니 빚더미에 올라앉게 되는 것이다. 더욱 심각한 것은 확장한 사업 아이템이 회사의 핵심 역량과는 아무런 연관도 없는, 그저 '요즘 A라는 사업이 뜨고 있다는데, 나도 그거나 한번 해볼까?'라는 생각으로 사업에 뛰어든 경우다. 국내 굴지의 기업들이 도산한 이유 역시 바로 무리한 사업 확장에서 비롯됐다.

반면에 성공하는 기업과 장수하는 기업의 공통점에는 위기에 굴하지 않고 헤쳐 나가며 오히려 업그레이드의 기회로 삼는다는 불굴의 정신이 있다. 사업은 어떻게 성장시키는가보다 어떻게 위기를 이겨내느냐가 관건이라 해도 과언이 아닐 정도다.

단체급식전문기업을 운영하는 정기옥 회장은 처음 창업 후 30여 개 학교로 단체급식처를 늘리기까지는 매우 승승장구했다. 경험이 없는 분야에 진출했지만 학부모와 학생들로부터 좋은 평가를 받으면서 또 다른 학교로 확장하는 일은 큰 문제가 없었다.

그러던 어느 날이었다. 날벼락 같은 일이 벌어졌다. 기본적으로 학교마다 위탁 운영되던 학교급식이 직영체제로 바뀐다는 법 개정 때문이었다. 그녀의 사업체는 아무 문제없었지만, 일부 위탁급식업체에서는 식중독과 같은 위생 사고가 종종 발생했었다. 이에 학교급식의 위탁 운영을 반대하는 여론이 들끓었고 마침내 직영체제로

절반넘는 773개校 계획조차 못세워

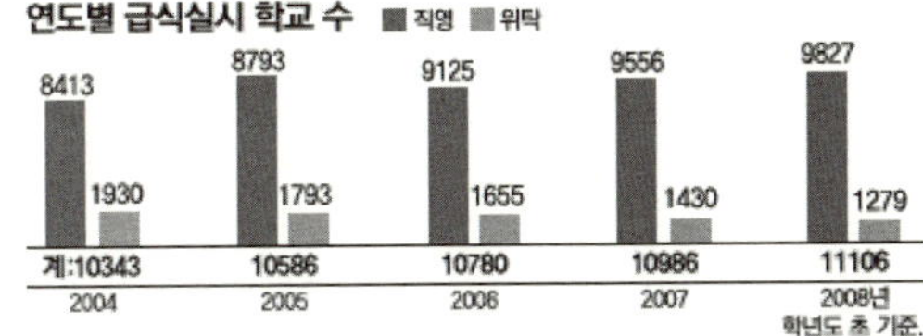

학교급식의 '위탁금지-전면직영' 실시를 1개월여 앞두고 학교급식 방법에 대한 논란이 다시 뜨거워지고 있다. 2006년 7월 개정된 학교급식법에 따라 전국의 모든 초중등학교는 내년 1월부터 위탁급식을 할 수 없다. 이에 따라 그동안 위탁급식을 실시하던 학교도 올해 말까지 모두 직영급식으로 전환해야 한다. 유예기간이 끝나기 때문이다. ▶A3면에 관련기사

법 개정 뒤인 2006년말 기준 전국 1458곳이었던 위탁급식 학교 중 현재까지 직영으로 바꾼 학교는 409곳이며 276곳이 직영 전환 계획을 각 시도교육청에 제출했다. 하지만 직영급식으로 전환해야 하는 학교 중 절반이 넘는 773곳은 아직 전환 계획조차 세우지 못하고 있다. 자칫 이들 773곳에서는 내년 1월부터 급식이 전면 중단되는 사태가 벌어질 수도 있는 상황이다. 학부모들에겐 '악몽'이나 다름없다.

직영 전환 계획도 세우지 못한 곳은 대부분 사립학교들. 이들은 "학교급식의 직영을 의무화한 2006년의 학교급식법 개정안은 학교 현실을 전혀 반영하지 못한 포퓰리즘 정책으로 엄청난 세금 낭비만 초래할 것"이라며 학교급식법을 다시 개정해야 한다고 주장하고 있다. 서울사립중고등학교교장단은 한발 더 나아가 이달 3일 "강제적인 급식 직영 전환을 중단하지 않으면 앞으로 서울 시내 모든 사립학교에서 단체급식을 중단하겠다"는 성명서까지 냈다.

그러나 학교급식전국네트워크 등 직영급식 전환을 찬성하는 시민단체들은 "국내 최대의 위탁급식업체에서도 식중독 사고가 발생하는 현실에서 위탁급식은 또 한 번의 대규모 식중독 사고를 일으킬 수 있다"며 학교급식법 개정 움직임에 제동을 걸고 있다.

문제의 학교급식법 조항은 2006년 6월 30여 개 학교에서 3000여 명의 식중독 환자가 발생했던 '학교급식 파동' 이후 한 달 만에 만들어졌다. 당시 위탁급식 업체들은 헌법소원을 냈지만 기각됐다. 이후 2년 뒤인 지난해 10월 국회 교육과학기술위원회 조전혁 의원(한나라당)이 직영과 위탁을 학교가 스스로 결정할 수 있도록 하자는 취지의 학교급식법 일부 개정안을 제출했으나 이 안은 교과위 심사 단계에서 1년이 넘게 계류 중이다.

남윤서 기자 baron@donga.com

2006년 식중독파동후 법제화

"전환 강제땐 급식 중단"
서울 사립중고 교장단 성명
시행 한달 남기고 찬반 논란

2009년 11월 23일 동아일보 기사

돌아선다는 정부의 방침이 내려진 것이었다.

이것은 하루아침에 그녀의 기업에 사형선고가 내려진 것과 같

았다. 하던 사업을 모두 접어야 한다는 소리였고 정기옥 회장은 한 순간에 70억 원대의 매출 손실을 봐야 하는 처지였다. 직원들은 모두 동요했고 그녀 역시 회사문을 닫아야 하나 고민했다. 이미 많은 급식업체가 폐업을 선언하거나 영세업체로 전락하는 일이 벌어지며 시장은 한마디로 아수라장이 되었다.

그때였다. 언젠가는 산업체급식 시장 진출을 대비해 모델 사업장으로 운영하던 도봉구청 구내식당 운영을 떠올렸다. '학교급식을

학교급식이 직영체제로 바뀐 후 'LSC푸드' 매출 변화

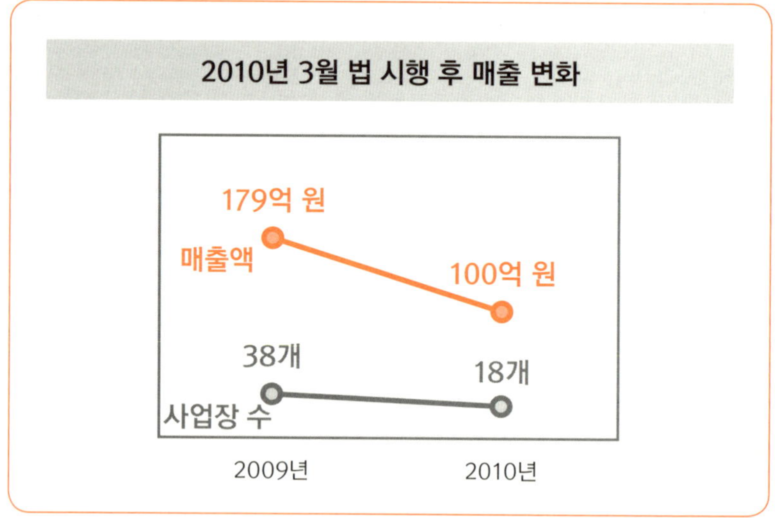

접어야 한다. 사업을 접을 것인가, 말 것인가? 사업을 접지 않고 계속 간다면 방향을 선회하자. 사업체를 공략하자!' 정기옥 회장은 그날부터 사업체 시장을 뚫기 위해 밤낮으로 뛰었다.

비록 분야가 다른 학교급식 분야의 실적이 전부였지만 그 분야에서 쌓아온 노하우와 명성을 토대로 수주전에 뛰어들었다. 여성의 감성이 살아 있는 경영과 엄마의 마음으로 운영한다는 그녀만의 장점을 강조하며 대형 사업체의 구내식당 수주를 줄줄이 따내게 된다. 학교급식을 접으며 손실을 보았던 70억 원대의 매출도 곧바로 회복세에 들어섰다.

만약 위기의 순간, 그녀가 사업을 접고 포기의 길로 들어섰다면 어떻게 되었을까? 그러한 갈등이 없었던 것은 아니었다. 그런데 그녀가 재도전을 하자고 마음먹은 것은 바로 그녀만을 바라보고 있던 직원들의 얼굴 때문이었다. 보이지 않는 곳에서는 눈물을 삼켰지만, 직원들 앞에서는 '나를 믿어라!'라고 장담하며 다독였다. 엄청난 중압감에도 그녀는 위기를 딛고 재기에 성공하게 된다.

참존화장품을 경영하는 김광석 회장에게도 인생일대의 큰 시련이 있었다. 아니 사업을 이어오는 동안 숱한 시련이 있었을 것이다. 가장 큰 위기는 그가 서울 중구에서 피부전문약국을 운영하던 시절이었다. 당시 그는 일반적으로 볼 수 있는 약국과 달리 피부전문 약국을 업계 최초로 도입했고, 피부전문연고를 개발해 판매하기 시작했다. 약효가 전국으로 소문이 나고 찾는 사람들이 늘어나자 환자들에게 판매되던 그의 연고는 차츰 지방의 약국들로 팔려나가기 시작했다. 일개 약국에서는 벌 수 없는 엄청난 매출이 일어났다. 그러나 이것은 오래가지 않아 큰 시련으로 다가왔다.

연고를 환자에게 파는 것이 아니라 약국으로 판매하는 것은 제약사 외에는 할 수 없는 일이었기에 불법 약품 제조라는 보건법 위반으로 고발을 당하게 된 것이다. 억울한 심정을 이루 말할 수 없었지만 그는 도망자 신세가 되어 수사망을 피해 다니기 시작했다. 하루아침에 도망자가 된 그는 처절한 심정에 자살을 할까 하는 극단적인 생각에 이르기도 했다. 그러나 그의 선택은 결국 정면승부였다.

그는 곧바로 자수를 하고 당당히 죄 값을 받기로 했다. 유통에 문제가 있다는 것은 변명의 여지가 없는 일이었다. 결국, 엄청난 벌금형을 선고받은 그는 벌금을 내기 위해서라도, 자신의 실추된 명예를 회복하기 위해서라도 재기를 해야 했다. 마음이 약한 이들이라면 폐인이 될 법한 위기였지만 그는 오히려 전략을 짜기 시작했다.

다시 약국을 운영하자니 사람들의 수군거림에 그럴 수가 없었다. 더구나 약국을 운영해서는 엄청난 벌금을 내기란 평생을 가도 못할 일이었다. 그렇다면 어떻게 해야 할까? 그는 명예회복 차원으로서도 제약사를 설립하겠다는 결심을 하게 된다. 그런데 이 역시도 쉬운 일이 아니었다. 약을 생산하는 과정에서 첨가물 사용에 매우 많은 제약이 있다는 사실을 처음 알게 된 것이다. 그가 제조하려는 생약성분의 원료는 더더욱 사용할 수 없었다. 결국 피부연고를 생산하는 제약사 설립의 계획도 여의치가 않았다.

고민 끝에 그는 화장품 제조를 떠올리게 된다. 약국 시절에 가장 인기 있던 연고도 피부 미용, 미백과 관련된 연고였다는 점을 떠올린 끝에 내린 결론이었다. 그렇게 해서 설립된 회사가 지금의 참존화장품이다. 참 좋은 화장품을 만들겠다는 의미를 담은 이름이었다.

물론 이후 회사를 성장시키고 운영해가는 동안에도 여러 번의 위기가 그를 괴롭혔다. 무리한 영업망 확대로 수익구조가 엉망이 되어 폐업의 위기까지 몰리던 때도 있었다. 그러나 그때마다 그는 정면승부를 통해 오히려 더욱 좋은 제품을 개발하고 공격적인 마케팅과 홍보를 통해서 위기를 넘어섰다.

인쇄용 잉크전문기업인 동양잉크를 운영하는 최대광 사장은 아버지에게 기업을 물려받은 2세 경영인이지만 창업자 누구보다도 성공적으로 기업을 이끌어온 것으로 잘 알려져 있다. 그는 대학생 시절부터 방학이면 공장의 생산현장에서 직접 경험을 쌓으면서 잉크 생산공장의 밑바닥부터 차근차근 경영 수업을 받았다.

그리고 그가 마침내 회사의 요직으로 올라섰을 때, 그는 회사 곳곳의 혁신을 이끌고 담당했다. 회사는 큰 문제없이 지속적으로 성장을 이어갔다. 그러나 문제는 1990년대에 들어서면서 벌어졌다. 당시는 서서히 친환경에 대한 인식이 높아지던 시기였다. 잉크 산업은 환경오염문제와 직결된 사업이었기 때문에 기업의 존재 이유에 대한 고민이 시작된 것이었다. 그의 방법도 역시 정면승부였다. 그는 곧바로 대두유 잉크와 친환경 잉크를 개발해 환경오염에 대한 이미지를 씻고 시장 개척에 나섰다. 국내시장만이 아니라 외국시장 진출에도 과감히 도전했다. 친환경에 대한 관심이 높은 외국에서 더더욱 호응이 좋았음은 물론이다.

핵심 역량을 중심으로
아이템을 확장하라

매출 200억 원대를 자랑하는 길천물산의 안희규 사장, 600억 원대의 매출을 자랑하는 누리플랜의 이상우 회장, 4,000억 원대의 매출을 자랑하는 본아이에프의 김철호 대표, 모두가 건실한 중소기업의 CEO로 자리 잡을 수 있었던 이유는 '남들이 잘하는 것이 아닌, 내가 잘하는 것으로 승부를 보자!'는 한 우물 파기의 정신 덕분이었다.

길천물산 안희규 사장은 일회용 은박제품에서 쌓은 노하우로 직화 용기, 쿠킹호일 등으로 사업 영역을 확장했고, 누리플랜 이상우 회장은 EGI펜스에서 쌓은 노하우로 가설방음벽, 경관시설, EMP방호시설 등을 건설하는 데까지 사업 영역을 넓혔다. 본아이에프 김철호 대표도 마찬가지다. 본죽을 운영하면서 해외시장에 진출했던 그는 한식을 세계화시키겠다는 목표를 가지고 본비빔밥, 본국수대청 등 비빔밥전문점, 그리고 국수전문점으로까지 사업을 확장했다.

온라인 악기 유통 시장을 개척한 스쿨뮤직 안정모 대표의 경우, 처음부터 지금처럼 다양한 악기를 구비해 놓고 판매를 시작했던 것은 아니었다. 돈도 없고, 경험도 없었던 그가 쇼핑몰 전환을 기획하고 판매를 시도한 것은 2만 원 정도의 드럼연습용 고무판이 제일 처음이었다. 악기 연습이 필요한 음악 마니아들 사이에서는 필수품이고 저가의 소모품이므로 사용자들도 고르는데 특별히 까다로울 것이 없었기에 파는 데에도 어려움이 없을 것이라 보았다.

실제로 쇼핑몰을 열고 나니 판매는 기대 이상이었다. 물론 여기에는 그만의 작은 비결이 숨어 있었다. 비록 작은 소품일지라도 사용자들이 진심으로 궁금해 하는 세심한 부분도 놓치지 않고 상세한 사진을 올려놓았으며 제품의 스펙도 자세히 설명했다. 또 동영상 콘텐츠로 사용법을 만들어 함께 올려놓으니 기왕 사는 것, 스쿨뮤직 쇼핑몰에서 사자는 네티즌이 줄을 이었다.

드럼연습용 고무판이 큰 호응을 불러일으키면서 안정모 대표는 차츰 품목을 확대해 갔다. 기타줄이나 어깨 밴드, 피크 같은 소모품 등으로 아이템을 늘려갔다. 1년여가 지난 후 비로소 기타를 들여와 팔 수 있었다. 이를 시작으로 차츰 악기의 종류와 개수가 다양해지면서 지금의 온라인 악기 쇼핑몰을 만들 수 있었다.

본아이에프의 김철호 대표는 죽 메뉴의 다양화로 시작한 핵심 역량의 확대를 관련 외식 분야로 차츰 확대해가면서 브랜드의 다양화, 시장의 다양화를 이어가고 있다. 한국 시장에 국한되어 있던 아이템을 중국, 일본, 미국으로 범위를 확장시켜 더 큰 성공을 이끌어냈다.

사업을 나무에 비유해 설명하면, 핵심 역량이란 나무의 뿌리에 해당하고 핵심 역량 사업은 몸통과 굵은 가지에 해당된다. 또한 뻗어나가는 가지는 사업 아이템을 확장시키는 단계를 뜻하며, 최종 제품은 나뭇잎과 꽃에 해당한다고 볼 수 있다. 그렇기에 핵심 역량은 기존 사업 분야뿐만 아니라 이를 활용한 새로운 분야의 사업까지 성공적으로 보장해주는 특성을 지니고 있다.

우리는 여기서 한 가지 교훈을 얻을 수 있다. 새로운 사업을 시도하고 싶다면 회사가 가진 핵심 역량이 무엇인지 파악하는 작업이 선행되어야 한다는 것이다. 규모의 대소를 불문하고 회사의 핵심 역량을 찾아, 이를 중심으로 사업구조를 재편성하는 과감함도 서슴지 말아야 한다. 동양잉크 최대광 사장은 잉크 사업 하나만 제대로 키워 연간 1,000억 원의 매출을 올리고 있는 CEO라는 점에서 핵심 역량의 중요성을 다시 한번 깨달을 수 있다.

특히 사업 아이템을 확장하고자 하는 시기는 창업보다 더 큰 용기가 필요한 때다. 어찌 보면 두렵고 무섭기도 하지만, 이미 한번의 성공을 맛본 터라 그 어떤 것도 두렵지 않은 상태에 있을 수도 있다. 이러한 위험천만한 시기를 어떻게 잘 보내느냐에 따라 회사가 지속 가능한 기업으로 살아남을 수도 있고, 역사 저편으로 도태될 수도 있다. 만약 이 갈림길을 잘못 선택하게 되면 사업은 다시 원점, 처음부터다. 좋은 열매(최종 제품)를 얻기 위해서는 뿌리(핵심 역량)를 튼튼히 하는 작업을 절대 게을리하지 말아야 한다.

Step **07**:
Culture

창조적인
기업문화를 만들어라

기업문화 없는 기업
vs 기업문화 있는 기업

기업문화가 있는 기업과 기업문화가 없는 기업의 차이점은 이직률에서 극명한 차이가 난다. 기업문화를 이루고 있는 핵심 요소는 결국엔 사람인 까닭이다. 두 기업에서 느껴지는 분위기에는 어떤 차이점이 있을까?

공통된 가치와 신념을 지닌 기업문화 속에서 일하는 직원들을 보면 늘 활기가 넘친다. 항상 스스로 일을 찾아서 하며 직원들의 얼굴에는 여유가 있다. 또한 그 여유는 무한한 창의적 욕구를 발생시키며 새로운 아이디어를 끊임없이 내놓게 하는 원천이 된다. 이런 직원들로 기업 또한 끊임없이 성장 동력을 얻고, 지속 가능한 경영의 기반을 다지게 된다.

반면, 기업문화가 없는 기업의 직원들의 표정엔 늘 생기가 없다. 회사에서 뚜렷한 비전을 찾지 못한 탓에 직원들은 정체성을 잃거나 일에 대한 흥미와 재미를 느끼지 못한다. 무슨 일을 시켜도 짜증이 나고, '내가 이걸 왜 하고 있나…'하고 생각하게 된다. 그리고 결국 그만두게 된다.

이렇듯 기업문화는 기업의 행동규범을 창출하는 공유된 가치, 신념의 체계를 뜻한다. 각자의 생각대로, 제멋대로 움직이는 사람들의 집단이 아니라, 공유된 가치와 신념 아래에서 움직이는 집단은 그 스스로 주체가 되어 발전적인 기업, 좋은 기업문화를 만들어나간다.

기업이 직원들에 대한 투자를 아끼지 말아야 하는 이유, 직원들에게 끊임없이 기업의 비전과 방향을 제시해야 하는 이유는 여기에 있다. 문화는 개인에게 정체성과 소속감을 느끼게 해주고, 기업 혹은 단체의 공통된 행동규범과 가치를 만든다. 한 예로 삼성에 다니는 사람이라고 하면 굉장히 똑똑하고 논리적이고 합리적인 사람으로 보여지곤 한다. 이 또한 문화가 개인에게 녹아든 경우다. 이렇게 같은 문화를 향유하고 있는 사람들 간에는 공통점이 생기고, 끈끈한 유대관계가 형성된다. 당연히 직원들에게 안정감을 주는 요소로도 작용한다. 이러한 기업 환경은 또다시 직원들이 기업을 위해 최선을 다하도록 하는 동기 부여의 촉매제가 된다. 궁극적으로는 기업의 생산성 향상과 이익 증진에 영향을 미치게 된다. 결국, 좋은 기업문화를 가지지 못한 기업은 이미 도태되고 있는 것과 다름없다.

이렇듯 기업문화는 조직구성원의 활동 지침이 되는 행동규범을

기업문화의 기능

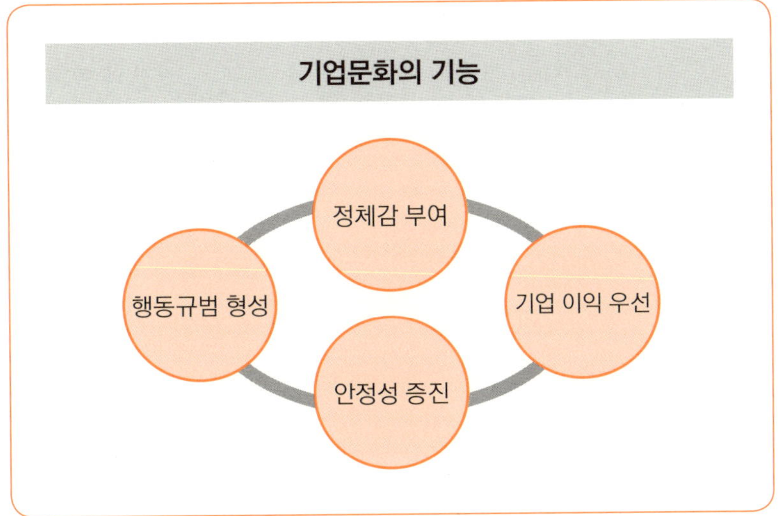

창출하는 공유된 가치, 신념의 체계를 형성한다. 기업문화는 기업 구성원에게 일체된 정체감을 주며 구성원 개인의 이익보다 기업 전체의 이익을 우선시하도록 유도하는 작용을 한다. 이를 통해 전체 체계의 안정성을 증진하며 행위규범을 제시하고 형성할 수 있다.

아딸 프랜차이즈의 이경수 대표는 1호 매장을 처음 창업했을 때 가졌던 맛과 청결, 서비스라는 3대 정신을 하나의 기업문화로 이뤄내고 있다. 음식업 프랜차이즈라는 특성상 맛을 하나로 통일하는 것이야 당연한 일이겠지만 이를 철저히 지키고 문화로 정착시키는 일은 만만치가 않다. 이를 위해 이경수 대표는 창업 초기부터 철저한 매뉴얼 학습으로 예비창업자들에게 대동단결된 아딸의 문화를 전한다. 철저한 레시피 준수와 정직을 필수로 하는 매장 운영과 이를 정확히 지키게 하려고 매뉴얼 시험을 거치고, 실무 교육을 거쳐 몸에 밴 습관으로 자리 잡히도록 한다.

위탁급식업체를 운영하는 LSC푸드의 경우는 창업 초기부터 지금까지 한 가지 일관된 문화를 지향하고 있다. 그것은 바로 여성의 섬세함과 어머니의 마음으로 사업장을 운영한다는 점이다. 내 자식, 내 가족이 먹는 음식을 만들고, 공간을 꾸며 믿을 수 있는 한 끼의 식사를 제공하는 것이 바로 기업의 문화이자 LSC푸드 정기옥 회장의 원칙이다.

이러한 문화는 결국 아딸이라는 브랜드를 시장에서 공고히 하고 지위를 높이고 매출을 높이는 실적으로 돌아왔으며, LSC푸드의 사업 확대와 매출 성장, 시장의 신뢰로 돌아왔다. 가맹점주 한 사람 한 사람이 모두 이경수 대표과 동일한 정신과 습관으로 매장을 운영한다면, 사업장마다 엄마의 마음이 그래도 유지된다면 그 파워는 엄청날 수밖에 없을 것이다.

기업문화는 지속 가능한
성장의 원동력이다

기업문화의 중요성을 알고 있는 선진기업들은 일찍부터 좋은 기업문화 만들기에 많은 노력을 기울여왔다. 구글(Google)은 기업문화를 브랜드화한 좋은 사례이다. 구글러(구글을 이용하는 유저를 일컫는 말), 구글링(구글을 통해 검색하는 행동을 일컫는 말) 등의 신조어는 자유롭고 창의적인 기업문화가 브랜드화되어 나타난 말이다. 이러한 기업의 위상을 그대로 반영하듯, 구글의 브랜드 가치는 4년 전부터 줄곧 1위를 차지하고 있다. 특히 지난 몇 년간 다니고 싶은 직장으로 부동의 1위를 지키고 있다. 다니고 싶은 직장으로 구글을 꼽은 대다수의 사람들은 "구글에 다니면 회사생활 자체가 즐거울 것 같다"며 입을 모았다. 회사에 다니는 것 자체가 즐겁다면, 그 회사는 어떤 성과를 이루어낼 수 있을까? 두말할 것 없이 무슨 일을 하던지 간에 승승장구할 것이다.

그렇다면 이렇게 제대로 된 기업문화, 즐거운 기업문화, 좋은 기업문화를 만들기 위해서 CEO는 어떤 노력을 기울여야 할까? 아래 표의 다섯 가지 단계를 명심할 필요가 있다.

우선 기업문화의 척도가 될 만한 성공사례 혹은 모범사례를 발굴해 직원과 조직 전체가 공유하는 것이 필요하다. 위탁급식업체라

기업문화 형성방법

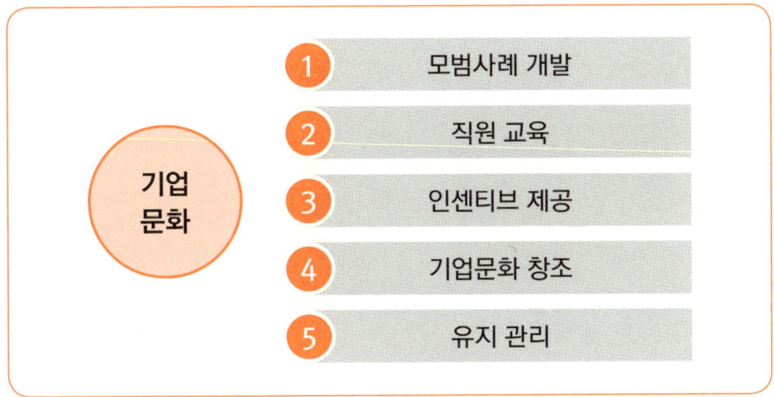

면 엄마의 마음을 담아 고객에게 서비스를 펼친 작은 사례, 고객의
불만을 해소한 작은 사례 하나를 하나의 문화가 담긴 성공사례로
볼 수 있겠다. 이것을 교육과 세미나를 통해 직원 전체가 공감대를
형성하고, 인정하며 받아들임으로써 동참하는 분위기를 만드는 것
이다. 또한 성공사례를 발굴해내거나 사례의 주도자, 참여자에게는
합당한 인센티브를 제공함으로써 성공사례 확산의 분위기를 조성
하도록 한다면 더욱 좋을 것이다.

이러한 흐름이 선순환구조로 이어지면 이것은 마침내 기업문화
의 창조로 정착한다. 이로써 작은 문화의 씨앗이 싹을 틔우고 뿌리
를 내리기 시작한다. 이제는 이 싹을 얼마나 잘 키워서 하나의 거대
한 기업문화로 명확한 색깔을 만들어가느냐에 달려있다. 이때에도
위의 다섯 가지 과정은 끝없이 반복해야 한다.

본아이에프 김철호 대표는 대학로에서 조그맣게 본죽 1호점을
운영할 때에도 '나는 본죽을 죽전문점으로 브랜드화 시켜서 본죽
프랜차이즈가 전국으로, 세계로 뻗어나가도록 할 거야'라는 다짐을
수도 없이 했다고 한다. 이러한 그의 목표의식이 있었기 때문일까.
그는 가맹점을 모집할 때도 그의 모든 경영·영업 노하우, 레시피 비
밀을 모조리 공개했다. '본죽으로 함께 성공하자'며 가맹점주들이

부지를 선정할 때도 자신이 직접 따라나서서 골라주었다. 또한 본사 직원들에게는 해외 연수의 기회를 제공하거나, 자신이 공부하고 싶은 분야에 대해 적극적으로 지원하는 등 자기계발활동도 적극 장려했다. 그 결과, 본아이에프는 프랜차이즈 업계에서 보기 드문 기록적인 폐점률인 1%를 유지하는 중이다.

보통 프랜차이즈는 몇 개의 가맹점이 생겨났다는 성장률을 보여주는 데 급급한 경우가 많다. 하지만 본아이에프는 폐점률을 최소화하는 데 더욱 중점을 맞춘다. 직원들은 본죽을 통해 성공하는 가맹점주들이 많아지는 것을 보면서, 자신들은 '본(本)으로 성공을 돕는 사람들'이라며 스스로의 역할을 자랑스러워한다. 이렇듯 직원들과 가맹점주들은 본(本)이라는 가치 안에서 굉장히 단합된 문화를 만들어나가고 있다.

태광식품 김도백 사장도 롯데백화점에 진출하게 되면서 영업사원들을 대거 채용했다. 그러나 백화점, 마트 등 전국 100여 곳이 넘는 곳에 직원들을 분산시켜야 하는 입장에 처하다 보니 단합된 기업문화를 형성하는데 어느 정도 한계를 느꼈다고 한다. 이에 김도백 사장은 영업전선에 나가 있는 주부 사원들을 100% 정규직으로 고용하면서 그들에게 소속감을 심어주었다. 더불어 그들을 '건강 도우미'로 전문화된 교육을 주기적으로 받게 함으로써 전문인으로서의 직업의식도 높여주었다. 이는 결국, 회사에 대한 애사심과 충성도를 높여줌과 동시에 모든 직원들이 "나와 내 가족이 먹는 식품을 만든다"는 김도백 사장의 신념과 동일한 마음가짐으로 일하게 하는 원동력이 되고 있다. 또한 "많이 파는 만큼, 확실한 인센티브를 주겠다!"는 김도백 사장의 화끈한 인센티브제도도 직원들에게 큰 동기부여가 되고 있다. 따라서 제품 개발 수준도 서비스 수준도 한 층 더 높아질 수밖에 없었다. 더불어 고객 만족도도 덩달아 높아지는 것은 정말 당연한 이치다.

위 두 기업처럼 직원들을 붙잡아 둘 수 있는 좋은 기업문화가 없다면, 직원들은 얼마 안 있어 더 좋은 복지환경, 더 높은 연봉을 따라 떠날 것이다. 그 반면, 몇 달치 월급이 밀려도 회사의 어려움을 같이 이겨내기 위해 남아 있는 직원들은 왜 그런 것일까? 그것은 다름 아닌 문화가 만들어낸 힘 덕분이다. 기업의 강한 조직문화는 기업이 수시로 직면하게 되는 난관을 극복하고 치열한 경쟁 시장에서 버티고 성장할 수 있는 힘으로도 작용하기 때문이다. 그리고 그것은 경쟁업체들이 도저히 따라올 수 없는 기업 고유의 독특한 핵심 능력으로 자리하기도 한다.

리더의 일거수일투족, 회사의 비전은 모든 직원에게 귀감이 되고 그것은 다시 기업문화로 형성되기에 이른다. 중소기업이 대기업에 좋은 인재를 계속 빼앗기게 되는 악순환의 고리를 끊고 싶다면 그 해결책은 문화 형성에 있다. 좋은 기업문화는 회사를 더욱 강력하게 만드는 핵심 DNA가 될 것이다.

Digest

창업 성공의
길잡이

돈 잘 버는
사업가 되기

갈림길에 선 예비창업자, 이제는 선택이다. 지금까지 성공적인 창업사례와 창업인을 통해 일곱 가지 성공법칙을 살펴봤다. 성공한 이들에게서 찾아낸 성공의 노하우는 분명 예비창업자들 또는 이미 새로운 시도를 하는 이들에게 큰 도움이 될 것이라 본다. 그러나 마지막으로 강조하고 싶은 것은 이러한 성공법칙의 겉만 배워서는 안 된다는 점이다. 반드시 그 이면에 숨은 그들의 오기와 열정을 보고 배우는 것이 중요하다. 그것이 뿌리가 되어 지금의 성과와 성공을 이뤄냈기 때문이다.

성공한 창업인에게는 일곱 가지의 노하우 외에도 몇 가지 공통점을 발견할 수 있다. 첫 번째, 이들은 하나같이 '자신을 아직 성공이라 말할 수 없다'며 손사래를 친다는 점이다. 겸손에서 나온 미덕이 아니라 그들의 공통적인 진심이다. 지금까지의 성과는 단지 성과일 뿐 성공이란 표현은 과하다고 말하곤 한다. 여전히 새로운 도전을 생각하고 있으며 아직은 달려가고 있는 진행형의 과정일 뿐이라는 얘기다.

두 번째, 이들은 모두 약속이나 한 듯 숱한 실패를 겪어왔다. 숱한 실패 속에서도 실망하는 법이 없었고 고민을 오래 하거나 포기하는 법도 없었다. 오히려 실패 속에서 교훈을 끄집어내고 수업료를 치렀다고 생각하며 자신의 소중한 경험자산으로 만들어냈다. 건강하게 실패와 위기를 딛고 일어서서 오히려 같은 실수나 실패를 반복하지 않게 하는 경험으로 활용하고, 성공으로 올라서는 지렛대로 충실히 활용한다. 이처럼 성공과 실패 속에서 흔들리지 않고 자유롭다는 것은 그만큼 강한 의지와 펄펄 끓는 열정, 자기 확신으로 무장했기 때문이다. 이것이 바로 세 번째 공통점이다. 여기에 기회를 발견해내는 매의 눈과 고통을 견뎌내는 무딘 성정과 인내가 동반했기 때문에 남들이 보기엔 때로는 무모한 자신감이고 무리한 도전을 하고 성공해내는 것이다.

　마지막으로 성공한 이들에게서 살펴볼 수 있는 또 하나의 공통점은 늘 부지런하고 변화를 꿈꾸며 현재에 만족하지 않는다는 점이다. 튀는 아이템과 전에 없던 서비스를 통해 성공적인 창업을 이뤄내지만 많은 이들이 첫 번째 성공의 단맛에서 주저앉는 경우가 많다. 그러나 성공한 이들은 거기서 만족하지 않고 꾸준히 변화를 시도한다. 달라지는 시장의 입맛에 맞춰서 변화의 구색을 갖춰가며 브랜드와 제품의 긴 생명력을 이어간다.

　외식업을 창업한 경우에는 꾸준히 새로운 메뉴 개발과 분위기의 변화로 사람들의 발길을 잇게 한다. 제조업을 운영하는 경우에는 신제품과 신기술을 개발하고 때로는 시장을 주도하는 역할도 앞장선다. 시장이 없을 때는 시장을 만드는 것도 이들의 역할이다. 스스로 시장의 룰을 개척하고 세워서 자신의 생명력을 이어간다. 창업 성공과 진정한 경영자가 되기 위해서는 바로 이러한 공통점의 성향과 인성이 바탕이 되어있다. 만약 나에게 그러한 바탕이 없다면 갖추도록 노력해야 하고, 그러한 바탕이 있다면 이 위에 일곱 가지의 노하우를 실천하기 위해 시너지를 내야 할 것이다.

Step 01. 창업의 꿈을 꾸다

꿈에 관한 이야기는 다양하다. 터무니없는 꿈을 꾸는 이에게 혹자는 '꿈도 야무지다'라고도 하지만, 한편에서는 꿈은 클수록 좋다는 말도 한다. 꿈을 현실로 이뤄내는 성공확률이 100%가 되지 않는다면 기왕이면 큰 꿈을 꿀수록 결과도 클 수밖에 없으니 말이다. 하지만 때로는 꿈만 꾸다가 지쳐버리기도 하니 여기에서 말하는 창업의 꿈이란 목표를 세우되, 현실적이고 전략적이어야 하며 구체적이어야 한다는 전제를 기억해야 한다.

사실 사업을 시작하는 것은 매우 어렵다. 가진 돈이 많아도 시작이 어렵고, 가진 돈이 없어도 어렵다. 가진 돈이 많으면 잃을까 두려운 탓에, 가진 돈이 없으면 시작을 어떻게 해야 할까 막막한 탓에 그렇다. 만약, 당장 삶을 영위하는데 아무 문제가 없고 안정적이라면 더더욱 그렇다. 하지만 도전이란 그 실패의 두려움을 딛고서 나아갈 때 비로소 시작된다. 이와 같은 두려움을 이겨낸 도전, 창업에 나서게 되는 경우는 흔히 세 가지 유형으로 구분된다. 첫째는 자기 스스로 창업한 경우, 둘째는 주변의 권유로 창업한 경우, 셋째는 가업을 승계해 경영을 이어받은 경우다.

자기 스스로 창업에 뛰어든다는 것은 스스로 시장을 발견하고 개척하는 것을 의미한다. 이를 위해서는 특별한 혜안이 필요하다. 본아이에프 김철호 대표는 1999년, 죽전문점을 창업하기 전 외식업 창업 컨설팅 회사를 운영하며 컨설턴트로 활약하고 있었다. 컨설턴트의 안목으로 당시 그가 좋게 전망한 시장이 바로 죽전문점 시장이었다. 웰빙 콘셉트가 도래하고 있고 건강에 관한 관심이 높아지는 트렌드와 맞물려 머지않아 '죽'이라는 아이템이 외식 시장에서 뜰 것이란 예감이 강하게 밀려왔다. 결국, 고민 끝에 김철호 대표는 자신이 직접 죽전문점을 차리겠다는 결심을 하기에 이른다. 그는 '죽은 환자가 먹는 음식이다', 혹은 '죽은 배부르지 않다'는 편견을 깨고 호감을 불러 모은다면 충분히 승산이 있을 것으로 생각했다. 이와 같은 강한 확신은 그를 스스로 창업하도록 이끌었으며 오늘날 1,000여 개의 가맹점으로 늘어나며 대한민국에 죽 전성시대를 열었다.

성공적인 프랜차이즈의 또 다른 사례로 꼽히는 '아딸'의 경우도 남다른 안목으로 색다른 분식 시장을 개척한 예로 볼 수 있다. '아딸'이란 아버지가 만든 튀김, 딸이 만든 떡볶이란 의미에서 비롯된 상호로 2000년 아주 우연히 창업에 나선 것이 오늘에 이르렀다. 당시 이경수 대표는 30년간 경기도 문산에서 튀김집을 운영하던 장인 어른에게 SOS를 요청하고 아내와 함께 떡볶이와 튀김으로 특화된 분식점을 창업했다. 길거리 음식, 저급의 군것질로만 인식되던 튀김과 떡볶이를 청결하고 최상의 서비스를 곁들인 메뉴로 특화하면서 그만의 시장을 개척해갔다. 특히 자신만이 만들 수 있는 특별한 튀김가루와 떡볶이 소스로 맛에서도 크게 차별화를 이뤘다.

떡볶이 맛을 담당하던 이경수 대표의 아내는 스튜어디스처럼 정돈된 제복을 입고 손님들에게 떡볶이를 제공했다. 떡볶이 손님에게는 어묵을 서비스로 제공하고, 튀김 손님에게는 떡볶이를 맛보기로 제공하면서 부지런히 맛 알리기를 시도했다. 막연한 손맛에 의존한 떡볶이 맛이나 튀김 맛이 아니라 표준화하고 계량화된 레시피를 구축하면서 2호점과 3호점이 생겨날 날을 대비했다. 그리고 이것은 정확히 11년 후 900개의 가맹점으로 늘어나는 작은 씨앗이 되었다.

토종 커피전문점으로 외국산 브랜드를 제치고 가맹점 확보 수 1위를 차지하고 있는 카페베네의 시작은 불과 4년 전 김선권 대표의 창업에서 시작했다. 가난이 몸에 배었던 그는 어린 시절부터 '돈 버는 사업가'가 되겠다는 꿈이 컸고 20대 때부터 프랜차이즈 사업을 시작하며 제법 큰 성공을 거두기도 했다. 그는 1997년 국내 최초 오락실 프랜차이즈 '화성침공'을 시작으로 왕삼겹닷컴(삼겹살), 행복추풍령(감자탕) 등을 연이어 성공시켰다. 2008년에 오픈한 카페베네에 이어 2011년에는 이탈리안 레스토랑 블랙스미스까지 론칭시키면서 프랜차이즈 전문기업인으로 발돋움했다.

그가 카페베네를 론칭할 당시 커피전문점은 포화상태였고 시장에 진입하기에는 너무 늦었다는 지적이 많았지만, 그러한 레드오션 속에서도 결국엔 블루오션을 찾아내 승부수를 걸게 된다. 그것이 바로 지금의 카페베네를 대표하는 '복합문화 공간', '디저트 카페'라는 콘셉트였다.

이처럼 스스로 창업한 이들의 공통점은 바로 자신이 잘하는 것, 본인이 확신하는 사업 아이템에서 아이디어를 얻어 창업에 도전해 성공을 거두었다는 점이다. '나는 이 사업을 꼭 하고 싶다!'라던가 '이건 정말 되는 사업이다!'라는 마음이 저절로 우러났기 때문에 그야말로 사업을 하지 않고서는 배기지 못하는 상황이 되었다. 그것은 창업의 열정으로 피어났고, 성공의 기반이 되었다.

물론 창업의 계기가 언제나 본인의 혜안에서만 비롯되는 것은 아니다. 나 자신을 객관적으로 보는 주변의 판단과 권유가 나의 판단과 결단보다 더욱 정확할 때가 있다. 이렇게 하게 되는 것이 바로 주변의 권유에 의한 창업이다.

선식전문기업 태광식품을 창업한 김도백 사장은 원래 한 제약사에 근무하던 영업맨이었다. 그런 그에게 한 지인은 방앗간 수준의 작은 제분공장을 인수하라는 권유를 해왔다. 평소 영업활동을 하던 그에게서 어떤 사업가적 재능을 발견했던 것인지, 그는 지인의 권유에 생각지도 않게 사업을 시작하게 되었다.

은박 일회용품을 생산하는 길천물산의 안희규 사장은 거래처의 한 바이어의 권유로 사업에 발을 들여놓게 됐다. 대우에서 수출입 관련 업무를 보아오던 안희규 사장은 일본 바이어로부터 양초 수출 사업이 전망이 좋으니 한 번 해보라는 제안을 받게 된다. 당시 선진국에서는 장식용 양초 사업이 호황을 누리고 있었지만, 우리나라에는 제대로 된 양초 시장이 형성되어 있지 않았던 때였다. 안희규 사장은 이것이 바로 기회라고 직감했다. 사업 성공의 지름길은 남들이 하지 않는 것을 남들보다 빨리 시도하는 것에 있다고 생각했기 때문이다. 평범한 샐러리맨에 불과했던 그는 양초 사업을 시작으로 숨겨진 사업가 기질을 마음껏 발휘하며 지금의 길천물산을 만들어냈다.

김도백 사장과 안희규 사장의 내용에서 보듯 주변의 권유가 창업으로 이어졌지만 이들에게는 남다른 시장을 발굴하고 개척해내는 사업가적 기질이 잠재해 있었다. 이것이 아주 우연을 필연적인 성공으로 이어지도록 했다. 그들에게는 '이 아이템이 앞으로 뜨겠구나!'하는 시장의 흐름을 읽을 줄 아는 능력과 일사천리로 일을 밀어붙이는 추진력이 뒷받침되어 있었던 것이다.

한편, 가업승계를 통한 창업도 하나의 중요한 분야다. 우리 사회는 흔히 가업승계를 통해 기업을 일구는 예에 대해 부정적인 시각을 갖곤 한다. '2세 경영인이 일종의 무임승차를 하는 것이 아니냐'라는 편견을 갖기 때문이다. 그러나 건전하고 합리적인 절차에 따른 가업승계는 기업의 경영을 더욱 탄탄하게 다지고 선대보다 몇 배의 성장을 일구며 성공적인 경영을 보이는 예도 있다. 왜냐하면 그들은 '날 때부터 CEO'의 길을 차분히 밟아오기 때문이다.

동양잉크 최대광 사장이 바로 그 예라 할 수 있다. 그는 아버지 고(故) 최수학 회장이 일구어놓은 동양잉크를 세계무대에 올려놓은 후계자 CEO다. 그러나 최대광 사장이 단번에 '동양잉크 CEO'자리를 꿰찰 수 있었던 것은 아니다. 고 최수학 회장은 최대광 사장을 진정한 CEO로 키우기 위해 생산현장의 말단직부터 영업에 이르기까지 일당백의 일을 경험하도록 했고 CEO의 자질을 검증했다. 그 기간만 약 10년 정도 소요되었을 정도다. 그렇게 최대광 사장은 가장 어렵고 힘든 잉크 제조부터 시작해 영업, 기획까지 10여 년의 시간 동안 그야말로 고생, 고생, 생고생을 거치며 CEO 승계를 위한 길을 밟아왔다.

검증의 시기 동안 최대광 사장은 아버지를 뛰어넘는 탁월한 경영수완을 보이기도 했다. 당시만 해도 동양잉크에서 해외 수출에 나선다는 것은 매우 무모한 일이었다. 그러나 그는 직접 해외 수출 판로를 개척했고 시장성이 없을 거라며 시도하지 않았던 친환경 잉크 제조에도 앞장서 친환경 잉크 시장을 점차 넓혀갔다. 이러한 그의 시도는 이제 동양잉크 수익의 핵심을 담당하며 캐시카우(cash cow)의 역할을 하고 있다.

Step 02. 유망 사업 아이템의 발굴

천 리 길도 한걸음부터라는 말처럼 창업의 꿈을 이루는 먼 길의 여정도 결국엔 한걸음의 시작에서 출발한다. 그렇다면 무엇을 어떻게 해야 하는 걸까? 창업을 결심하고 의지를 다진 그 이후에 가야 할 길이 매우 많이 남아 있다. 그 길의 첫 번째 여정은 바로 사업 아이템의 발굴이다. 사실, 막상 창업을 결심하고 난 후에도 많은 사람이 "내가 뭘 해야 할까? 뭘 해야 잘할 수 있을까?", "어떤 아이템을 해야 하지?"라는 고민만 연속하게 된다. 이번 과정은 바로 이러한 고민을 해결하기 위한 과정이다.

물론 아이템 선정은 어찌 보면 간단하다. 내가 잘할 수 있고, 시장이 필요로 하며 손님이 찾는 것을 선정하면 되는 일이다. 어떻게 파느냐보다 무엇을 파느냐를 선정하는 이 과정은 기업의 아이템 발굴 3원칙을 통해서 배워볼 수 있다. 첫째, 현재시장이 어떻게 움직이고 있는지 분석하고, 둘째, 이를 토대로 미래시장을 예측해보는 것, 셋째, 다른 사업 아이템을 벤치마킹해봄으로써 새로운 가능성을 타진해보는 것이다.

시장을 구성하는 요소로는 소비자와 공급자, 그리고 그 둘을 조율하는 보이지 않는 시장의 힘이 있다. 따라서 현재시장을 분석하려면 다음의 세 가지를 살펴보고 분석해야 한다. 즉, 소비자를 분석해 그들이 불편해하는 것은 무엇이고 추구하는 것은 무엇인지 살펴보고, 공급자 측면에서는 기존의 비싼 제품을 싸게 만들 방법을 찾아야 하며 기존에는 없던, 일종의 금기된 시장을 개척하는 데 힘을 쏟아야 한다.

선식전문기업인 태광식품이나 세미나 카페인 민들레영토, 채소 전문 프랜차이즈 총각네 야채가게, 음식물처리기를 개발한 루펜 등 과 같은 기업의 CEO들에게는 바로 이러한 끈질긴 시장 분석의 지 혜를 엿볼 수 있다. 이들은 모두 소비자의 작은 습관에서 찾은 기회 를 파고들어 연구해서 자신만의 사업 아이템을 발굴해냈다.

카페를 문화 공간으로 탈바꿈시키며 새로운 시장을 창조해낸 민 들레영토의 예를 보자. 민들레영토를 창업한 지승룡 사장은 창업 전, 우연히 한 카페에서 장시간 앉아 있다가 나오면서 느끼던 찜찜 한 기분에서 착안해 카페를 창업하게 됐다. 눈치를 보지 않고 오랫 동안 앉아있을 수 있는 소통의 문화 공간을 만들어보자는 것이 그 의 생각이었고, 그래서 탄생한 것이 바로 민들레영토였다.

즉, 커피를 마시러 오는 사람들이 진짜 원하는 것은 '맛있는 커 피'보다는 '커피가 주는 편안함'에 있다고 보았다. 이를 위해 카페의 테이블과 의자는 편안하게, 분위기는 아늑하게, 갤러리와 세미나실 까지 갖춘 복합 문화 공간으로 카페를 꾸몄다. 이것이 차츰 카페와 문화 공간을 합친 이색적인 장소로 소문을 타면서 특히 대학생 계 층인 20대들로부터 폭발적인 인기를 불러 모았다.

채소와 과일 등의 판매 전문점인 총각네 야채가게도 마찬가지다. 창업자 이영석 사장이 성공할 수 있었던 것은 매일 새벽 농산물 시장에서 신선한 야채를 사오는 것, 단 한 가지밖에 없었다. 기존 야채가게들은 대량유통으로 박리다매를 추구했지만, 이영석 사장은 비싸더라도 '신선함이 살아있는 야채'를 팔겠다는 것으로 가게를 차별화시켰다. 그러자 신선한 야채에 목말라 있던 소비자들이 봇물 터지듯 쏟아져 나왔고, 판매 인기는 상상을 초월했다. 이렇듯 감춰져있던 소비자 욕구를 정확히 꿰뚫어서 사업화한 것이 그의 결정적인 성공 비결이었다.

한편, 루펜의 이희자 사장은 음식 쓰레기 처리기를 국내 최초로 선보이며 100만 대 판매라는 돌풍을 일으킨 주부 CEO다. 주부가 사업한다는 것과 주부가 기계를 개발했다는 점은 어찌 보면 생소한 일일 수도 있을 것이다. 그러나 그녀는 주부였기에 루펜이라는 기업을 일구었고, 주부들의 골칫거리였던 음식 쓰레기 처리기를 개발할 수 있었다. 누구보다 주부의 마음을 가장 잘 알았기 때문이다.

이처럼 소비자, 공급자 측면에서 시장을 분석하는 것 외에 또한 가지의 시장 분석 툴(tool)이라면, 시장 전반을 분석해 큰 틀 안에서 새로운 것을 발견해내는 것이다. 이는 이른바 '금기된 시장'을 찾아내어 그것을 깨어 부수는 일이라 할 수 있다. 이때 금기된 시장이란 정말로 불가능한 시장을 뜻하는 것이 아니라, 사람들의 인식이 만들어낸 허상에서 출발하는 경우가 많다. 파라코에서 만들어낸 어린이 색조화장품 브랜드 '바비코스메틱', 소망화장품에서 만든 남성화장품 브랜드 '꽃을 든 남자'가 바로 그 예라 할 것이다. 어린이가 화장하지 말라는 법이 국가법에 지정된 일은 아니다. 그러나 우리의 인식 속에는 금기된 시장처럼 여겨지는 영역이었다. 남자들도 아름다워질 권리가 있다고 외치는 것 역시 사람들의 판에 박힌 사고에서는 어울리지 않았다. 그러나 이러한 벽을 넘어서 기존에 없던 개념의 제품을 만들어냄으로써 새로운 시장을 열고 성공을 거머쥐었다.

이처럼 성공적인 사업 아이템의 발굴이란 소비자, 공급자를 분석하고, 금기된 시장을 발굴해내는 노력 속에서 자신만의 블루오션을 발견하는 일이다. 그렇게 차별화된 사업 아이템으로 제대로 된 승부수를 던져야만 기존 시장에 혁명적인 지각변동을 일으킬 수 있다.

또한 '지금이 곧 미래다'라는 말처럼 우리는 현재를 통해 미래를 충분히 예측해낼 수 있다. 미래 예측이란 차별화된 제품을 만드는 방법에서도 필수적인 과정이다. 미래 시장을 내다봄으로써 유망한 사업 아이템을 발굴할 수도 있다. 물론 어디까지나 예측이다. 그 예측이 정확하게 들어맞기란 누구도 장담할 수 없다. 유명한 미래학자 앨빈 토플러 박사조차도 미래에 무슨 일이 벌어질지 확실히 말할 수 있는 사람은 아무도 없다고 했으니 말이다. 그러나 앨빈 토플러 박사도 미래를 예측하는 자신만의 분석 툴을 가지고 있었듯이, 창업을 희망하는 사람들에게도 다행히 미래 시장을 예측할 수 있는 분석 툴이 세 가지 있다.

첫 번째는 연령별 세대를 분석하는 일이다. 과거에서 현재로, 부모님 세대에서 현재로 이어지는 변화를 남보다 먼저 알고 그 변화에 능동적으로 대처한 기업가들만이 전에 없던 혁신적인 제품, 고객이 깜짝 놀랄 만한 획기적인 서비스를 만들어낼 수 있다.

두 번째 방법은 이머징 이슈(emerging issue)를 분석하는 것이다. 다시 말해서 최근에 급부상한 '떠오르는 시장' 즉, 신흥 시장을 알아내는 방법이다. 이머징(emerging)은 글자 그대로 최근에 생겨난 것을 뜻한다. 최근에 생겨난 것을 남보다 더 빨리 알아내기 위해서는 CEO가 그만큼 사회 이슈에 항상 민감해야 한다. 다른 나라에서 어떤 일이 펼쳐지고 있고, 정부의 정책은 어떻게 바뀌었으며, 요즘 사회적으로 문제 되고 있는 것은 무엇인지, 나아가 국제시장에서 주목받고 있는 것은 무엇인지 등에 대해서 말이다.

마지막으로는 트렌드를 분석하는 방법이 있다. 이는 말 그대로 시시각각 변화하는 시장의 흐름을 파악하는 일이다. 이 때문에 하루가 다르게 변화하고 십인십색도 모자라 십인백색이 되어가는 소비자의 욕구 때문에 창업하려는 사람들이 고려해야 할 요소들도 무한대로 많아졌다. 따라서 예비창업주들은 사회 트렌드를 정확히 분석할 수 있는 혜안을 길러야 한다. 트렌드는 그야말로 소비자들이 목말라하는 것, 원하는 것이 무엇인지 그대로, 적나라하게 보여주는 지표와 다름없기 때문이다.

유황오리 전문업체인 유성농산의 이춘길 사장 또한 중풍, 고혈압, 신경통 등에 폭넓게 활용되어 온 전통음식 '유황오리'가 '웰빙 트렌드'와 맞물려 크게 성장하게 될 것이라 확신했다. 커피전문점 카페베네를 창업한 김선권 대표도 마찬가지다. '국민소득이 더욱 성장'하게 되면 사람들은 보다 여유를 찾게 될 것이고, 그 여유가 극대화되는 곳이 바로 카페라 생각했다.

이렇듯 선견지명의 기업가들은 '웰빙 시대가 온다', '국민 소득이 높아지면 그만큼 삶의 품격도 높아질 것이다'라는 트렌드 분석을 통해 소비자의 필요조건과 충분조건을 동시에 만족시켜 주었다. 이는 사업을 더욱 확장시키는 계기로 작용했다.

한편, 모방은 창조의 어머니란 말이 있듯, 벤치마킹 또한 사업 아이템 발굴과 정보 수집에 제격인 방법이다. 경험이 없는 분야에 진출하는 경우일 때에도 벤치마킹은 간접 경험을 쌓고 생소한 분야에 대한 두려움을 없애는 데 효과가 있다. 이를 위해 국제적으로 열리는 박람회에 참여한다든가 유사 시장이나 제품을 벤치마킹한다든가 해외여행을 떠나는 등의 방법을 활용해볼 수 있다. 무엇보다 벤치마킹은 우수한 기업이나 성공한 상품, 기술, 경영방식 등의 장점을 충분히 '배우고 익힌 후', 자신의 환경에 맞추어 '재창조'하는 것이 핵심이다.

은박용 일회용품을 생산하고 있는 길천물산의 안희규 사장이 제품에 대한 아이디어를 얻은 것은 한 국제박람회 자리였다. 바로 일본에서 열린 제과제빵박람회에서 일회용 은박제품을 발견한 것이 계기였다. 그가 본 베이킹컵과 파운드케이크의 케이스 등의 은박제품들은 활용성이 뛰어났음에도 불구하고 당시 우리나라에서는 소개조차 되지 않았던 것이었다. 그는 이러한 은박제품의 시장성을 단박에 알아보고 사업화를 결심하게 된다.

지속적인 변신으로 기업을 성장시켜 가고 있는 누리플랜의 이상우 회장은 주기적으로 선진 시장 벤치마킹을 통해 새로운 아이템을 구상하는 것으로 유명하다. 그는 일본이나 유럽, 선진 시장을 찾아가 직접 발로 뛰며 차세대 먹거리 사업은 무엇인지 찾곤 한다. 물론 기존의 역량을 활용할 수 있는 새로운 먹거리를 찾는 것이 원칙이다. 이러한 벤치마킹은 그 혼자만의 것이 아니라 창의력을 바탕으로 일하는 디자이너, 기획 담당자 등도 동참한다. 각 전문 영역의 업무 담당자 눈에서 발견하는 새로운 시장과 경영자의 눈에서 찾은 시장이 조화를 이룰 때 더욱 강력할 것이라는 그의 지론 때문이다.

Step 03. 고객이 놀랄 만한 제품의 개발

사실, 성공의 비법은 간단하다. 가장 좋은 품질의 제품을 싸게 파는 것이다. 시장에 단 하나밖에 없는 차별화된 제품을 개발하고 선보이면 시장에서 인정받을 수 있다. 제품 개발은 회사의 생명줄과도 같은 존재다.

죽전문점을 창업한 본아이에프 김철호 대표의 이야기로 돌아가 보자. 그는 본죽 1호점을 열기 위해 무려 6개월이 넘도록 세끼 내내, 그리고 간식까지도 죽만 먹어가며 제품 개발에 몰입했다고 한다. 참으로 처절하고도 눈물겨운 개발 과정을 견뎌낸 셈이었다. 그 노력의 결과, 본죽만의 건강죽을 개발했고 건강한 젊은 층들까지도 즐길 수 있는 메뉴를 개발해냈다. 입소문 효과가 가장 큰 소비층이 바로 젊은이들이었기에 죽전문점은 빠르게 안정을 찾아갈 수 있었다.

유성농산의 이춘길 사장도 유황오리제품을 만들기 위해 여러 번의 실패를 견디며 노력했다. 그는 유황오리를 시험 사육하는 기간만 약 1년을 거친 후에야 겨우 오리 사육에 성공할 수 있었다. 그 사이 무려 수백 마리의 오리가 죽어나가는 것을 지켜봐야만 했다.

누리플랜의 이상우 회장도 예외 없이 숱한 고생을 넘어섰다. 그가 처음 일본에서 EGI펜스를 본 뒤 무작정 한국으로 돌아와 EGI펜스를 만들기로 했을 때, 사실 결심은 쉬웠으나 실행에 옮기기란 만만치가 않았다. 제조에 대한 경험이 전혀 없었으며 마땅한 설비도 갖추고 있지 않았기 때문이었다. 더구나 제대로 된 전문인력도 확보하지 못한 상황이었다. 알음알음 눈대중으로 봐온 '감'만을 가지고 개발에 들어갔고 수작업으로 하다 보니 소위 '맨땅에 헤딩'하는 식이었다. 그래도 그는 포기하지 않았다. 도전을 거듭한 끝에 그는 업계 최초로 샘플을 만들어냈다. 그렇게 잠자는 것도 잊은 채로 근 한 달간의 고투를 벌인 끝에 EGI펜스를 완성할 수 있었다.

물론 성공적으로 첫 제품을 만들어냈다고 하더라도 그것은 단지 시작에 불과할 것이다. 워낙에 트렌드가 빨리 바뀌는 시대이기 때문에 제품의 꾸준한 관리와 업그레이드는 선택이 아닌 필수가 되었다. 또한, 이는 제품의 생명주기를 연장하는 데 반드시 필요한 일이다.

고객들에게 꾸준히, 지속적으로 사랑받는 제품을 만들기 위해서는 그만큼 꾸준한 투자가 필요하다. 흔히 이러한 투자는 대기업만이 할 수 있는 일이라 생각할 수 있지만 오히려 정반대다. 치열한 경쟁에서 살아남기 위해서는 작은 회사일수록, 중소기업일수록 연구 개발에 대한 투자를 아끼지 말아야 한다.

Step 04. 전략적인 1호점의 개발과 마케팅

창업의 시발점이 되는 1호점의 진출은 아무리 강조해도 지나치지 않다. 앞으로 펼쳐갈 사업 확장의 핵심 기지이기 때문이다. 따라서 1호점의 입지나 마케팅에서도 차별화의 방법을 잊지 말아야 한다.

알전문 요리점 '알부자'를 운영하는 최애리 사장은 첫 매장을 서울 신대방동에서 열었지만, 그녀의 목표는 항상 강남 진출이었다. 동네 음식점에서 머물지 않고 프랜차이즈를 계획하고 있었기 때문에 강남권에서 인정받아야 확산시키기 유리하다고 보았던 것이다. 실제로 신대방동에서 대박집으로 성공을 거둔 후 그녀는 본점을 아예 강남역 부근의 매장으로 옮겨 재오픈을 하기에 이른다.

창업만 하면 망하고 나가는 요주의 점포를 임대해서 과감하게 매장을 꾸렸다. 알요리라는 어느 곳에도 없던 메뉴를 개발하고 알요리와 어울리는 독특한 밑반찬도 개발해 선보였다. 그러자 손님들이 물샐 틈 없이 들어오기 시작하며 매장은 점차 여분의 공간까지도 확장해서 영업해야 할 정도가 되었다. 물론 강남점의 성공에 이어서 송파구로 매장을 확대하며 프랜차이즈의 길을 하나씩 밟아가고 있다.

이처럼 프랜차이즈 사업을 계획한다면 그 선봉에 서는 1호점의 역할이 매우 중요하다. 대표적인 인구 집중지역으로 트렌드를 선도하는 곳이어야 한다. 본아이에프 김철호 대표는 자본금이 부족해 대학로 뒷골목 2층에 조그맣게 가게를 낼 수밖에 없었지만, 그럼에도 굳이 '대학로'에 가게를 내려고 고군분투한 까닭도 앞의 사례와 다르지 않다. 모델 매장으로서 더욱 많은 사람에게 홍보하고 제2, 제3의 매장을 계획했기 때문이다.

1호점이 중요한 이유는 또 있다. 1호점은 우리가 생각하는 것보다 더욱 많은 역할을 할 수 있기 때문이다. 길천물산의 안희규 사장은 일회용 은박제품을 팔기 위해 제일 먼저 방산시장을 전략기지로 삼았다. 탁월한 입지 선정 덕분에 방산시장을 찾는 고객들은 그가 판매하는 은박제품에 금방 호기심을 보여 왔다. 반짝거리는 은박용지를 이리 뒤지고, 저리 뒤지는 등 소비자들은 제품의 쓰임새에 대해 연거푸 물어보았다. 은박제품의 쓰임을 들은 고객들은 "이런 게 있었다니 정말 편리하네요!"라며 반응을 보여 왔다. "다양한 크기별로 있으면 더 좋을 것 같네요"라며 나름의 제품 평을 내리는 고객도 있었다. 이렇듯 안희규 사장은 방산시장 1호점을 소비자들의 평가와 목소리를 듣기 위한 창구로도 활용했다.

태광식품의 김도백 사장은 고객 평가에서 더 나아가 새로운 제품 개발에 대한 정보 수집의 수단으로 1호점을 활용했다. 이를 위해 롯데백화점 입점 후, 전문교육을 받은 건강 도우미들을 전 매장에 배치했고 고객들에게 직접 선식을 만들어주도록 지시했다. 그러던 차, "미숫가루는 다 좋은데, 먹고 나면 입에 가루가 묻는 게 싫더라고요. 뭐, 제품 특성상 어쩔 수 없는 것이지만"이라고 무심코 흘린 고객의 말에서 제품 아이디어를 얻을 수 있었다. 이를 계기로 물이나 우유 등 음료에 잘 풀리지 않던 선식입자가 아닌, 바로 씹어서 먹을 수 있는 과립형 선식을 세계 최초로 개발하기에 이른다.

매장문을 열었다고 무조건 손님이 몰려오리라 생각하는 창업자는 없을 것이다. 따라서 광고와 홍보, 마케팅은 필수인 시대이며 1호점의 광고는 더더욱 중요하다. 신규 1호점을 창업한 당사자가 대기업이라면 막대한 비용을 들여 광고와 마케팅을 펼칠 수 있겠지만, 소상공인으로서는 엄두도 못 내는 일이다.

따라서 소상공인들은 적은 비용으로 최대의 홍보 효과를 내는 것이 제1의 목표가 될 수밖에 없다. 이때 손님을 끌어 모을 수 있는 첫 번째 방법은 단연 '무료 마케팅'이다. 예컨대 소비자에게 무료로 제품을 나눠주거나 서비스를 제공하는 방법이다. 무료 시식회, 무료 샘플 증정과 같은 무료 마케팅 전략도 중요하지만, 인터넷과 모바일을 활용한 마케팅 방법도 빼놓을 수 없는 마케팅 수단이다.

특히 요즘은 인터넷, 모바일이 워낙 발달한 시대이기 때문에 고객들은 제품, 또는 가게를 찾기 전에 인터넷을 통해 정보를 먼저 수집하는 경향이 있다. 최근 들어 폭발적인 성장세를 보이고 있는 티켓몬스터, 그루폰 등과 같은 소셜커머스가 소상공인, 중소기업들의 또 다른 유통, 홍보 채널로 주목받고 있는 것도 이러한 시대적 흐름과 무관하지 않다 볼 수 있다. 또한 기자간담회도 마케팅 수단의 한 방법이 된다. 기자들과 직접 대면해 대화를 나눔으로써 회사와 제품, 서비스에 대해 충분히 알릴 수 있는 장이 되기 때문이다.

한편, 사회공헌활동도 간접적으로는 마케팅 수단이 된다. 마케팅을 목적으로 해서는 안 되겠지만 그 효과도 무시할 수 없다. 본아이에프 김철호 대표는 제삼세계 기아들을 위해 뜨거운 물만 부으면 죽으로 만들어 먹을 수 있는 동결건조죽을 개발해 지원활동을 펼치고 있다. 최근에는 연세대학교와 MOU를 맺어 암 환자 전용죽 개발에도 힘쓰고 있다. 또한 유성농산 이춘길 사장은 지역 내 노인복지관과 제휴를 맺어 노인들에게 매월 일자리를 제공하고 있다.

이처럼 기업이 가진 역량을 사회의 필요한 곳에 기부한다는 것은 기업가의 사명감을 높이는 일이기도 하지만, 마케팅 측면에서 해석해보자면 기업의 이미지를 긍정적으로 만드는 데 큰 역할을 한다. 이러한 인식의 변화는 장기적인 관점에서 바라볼 때 더욱 효과적이다. 특히 위 두 기업의 사례는 기업이 가진 역량과 사회적 니즈를 연계함으로써 사회공헌의 시너지를 창출한 좋은 본보기라 할 수 있다.

Step 05. 발품영업을 생활화하라

영업은 쉽게 말해 연애와도 같다. 고객은 내가 호감을 느낀 상대이며, 나는 고객을 향해 끝없이 짝사랑을 고백하기 위해 애를 써야 한다. 식당의 영업을 예로 들어보자. 매장의 문을 열고난 뒤, 가만히 있어서는 손님이 몰려들지 않는다. 짝사랑의 그 대상에게 끊임없이 러브콜을 하고 잘 보여서 호감을 끌어내기 위해 노력해야 한다. 고객 유치가 쉽지 않으면 가까운 지인들에게 친구들을 데리고 가게에 한 번 들리라고 귀띔을 하기도 한다. 그래도 고객의 호감을 얻지 못하면 이제는 가게 밖으로 나가 전단을 뿌린다든가, 무료 시식회를 연다든가 하는 방식으로 어필하기 위한 전략을 쓴다. "우리 가게에 한 번만 들려주세요"라고 말하면서 말이다.

이렇듯 영업은 '상품 혹은 서비스'를 파는 과정이다. 이때 기회는 여러 번 찾아오지 않는다. 내 매장에 우연하게 들른 손님이 처음이자 마지막이 되지 않도록 하기 위해서는 그 손님을 붙잡을 수 있도록 최대한 노력해야 한다. 식당이라면 최고의 맛과 서비스로, 일반 제품을 파는 곳이라면 최고급의 품질과 디자인으로 시선을 끌고 재방문을 유도하도록 해야 한다.

사실, 처음 창업을 했을 당시엔 자신만의 사업 수완과 노하우가 완벽하게 갖춰진 상태도 아니고, 더욱이 손님을 끌어오려 영업을 하려 해도 선뜻 용기가 나지 않을 때다. 그럴 땐 무리해서 영업에 나서기보다는 찾아오는 손님부터 차근차근 만족시키면서 신뢰를 쌓고 내실을 다져가야 한다.

본 아이에프 김철호 대표의 영업원칙부터 살펴보자. 그는 정성과 사랑, 어머니와 같은 마음으로 찾아오는 손님들을 대하겠다는 것을 첫 번째 영업원칙으로 삼았다. 한 예로 절대 배달을 하지 않겠다는 그만의 원칙은 1호점 창업 후 약 10년이 지난 지금까지도 여전히 지켜지고 있다. 이유인즉슨, '죽'은 패스트푸드가 아니므로 배달을 하게 되면 정성이 들어가야 하는 특유의 죽 맛을 지킬 수 없다는 판단에서였다. 그런 그의 원칙은 찾아오는 손님들을 감동하게 했고, 일단 매장을 직접 찾아와서 죽을 맛본 손님들은 두 번, 세 번 꼭 다시 찾아주었다.

강의동영상 사이트에서 악기 쇼핑몰까지 확대하며 성공가도를 달리기 시작하게 된 스쿨뮤직의 안정모 대표의 예를 들어보자. 안정모 대표는 애초에 강의동영상 콘텐츠를 유료화해 수익을 올리겠다는 생각을 했었다. 그러나 인터넷 시장의 흐름상 유료 콘텐츠에 대한 거부감이 강했고, 이는 그의 생각대로 쉽게 성사되지 않았다. 결국, 고민 끝에 그가 선택한 방법은 강의동영상 콘텐츠는 사이트 방문 고객의 호기심을 자극하는 연결고리로 활용하고 직접적인 수익모델은 악기를 판매하는 것으로 했다.

악기를 판매할 때에는 동영상 제작 노하우와 음악에 관심 있는 이들의 구미에 들어맞는 차별화된 소개 콘텐츠를 만들어서 게재했다. 악기의 소리를 들어볼 수 있도록 하거나 악기의 면면을 모두 살펴볼 수 있도록 다양한 사진을 올려서 오프라인 매장에서 악기를 고를 때처럼 자세한 정보를 제공했다. 악기를 사는 고객에 대한 서비스도 마찬가지였다. 고객이 제품을 받아든 즉시 연주가 가능하도록 조율 서비스를 완벽하게 하고 검수를 거친 후에 배송했다. 이것은 고객들의 재방문과 재구매를 유도하는 자연스러운 방법이 되었다.

때로는 오라는 곳 없어도 갈 곳은 많아야 하는 것이 바로 영업 활동이다. 짝사랑하는 고객을 찾아가 자신의 제품과 서비스를 어필해야 하는 일이기 때문이다. 공조기기 전문업체 세원기연을 운영하는 김용정 사장 역시 그러한 경우다. 오라는 곳은 없지만 갈 곳은 많다. 그의 갈 곳을 정해주는 것은 다름 아닌 아침 신문에서 쏟아지는 각종 정보다. 인물 동정란이나 신규 개발 정보, 건설 정보 등의 업계 동향을 체크해서 그의 '갈 곳'을 정하게 된다. 예컨대 세종시 입주 정보, 신도시 건설 정보, 대형 기업의 사옥 이전 정보 등은 공조기기 영업의 지도를 만들어준다. 그곳에 고객이 있고 수주가 있기 때문이다.

그는 1980년대 초반 조그맣게 휘장사업체를 운영할 때에서 솔선수범해서 고객을 찾아다니고 부지런히 영업활동에 나섰다. 당시 그가 주로 활동하던 무대는 국회의원들의 사무실이 모여 있는 의원회관이었다. 이곳에서 비서관들의 잡다한 심부름부터 부탁을 들어주며 안면을 익혔다. 그렇게 신뢰가 쌓이면 그들에게 작은 일을 하나씩 수주하며 경력을 쌓아갔다. 비서관 사무실을 들를 때는 특유의 너스레는 필수였고, 박카스 한 병이나 붕어빵 한 봉지를 들고 가는 것은 당연한 일이었다. 작은 성의는 급할 때 그를 찾게 하는 실마리가 되기 때문이다.

참존화장품을 창업한 김광석 회장은 처음 화장품 회사를 창업하고 영양크림을 개발해 판매를 시도했지만, 판매가 여의치 않았다. 대기업들의 틈바구니에서 브랜드력이 떨어지는 제품을 선보였으니 고객들 누구도 관심을 보이지 않았다. 그는 제품의 효과에 대해 충분히 자신 있었지만 일단 사람들이 제품 자체를 써주지 않으니 답답할 노릇이었다. 한번만 사용해본다면 분명히 자신이 선보인 제품을 사람들이 알아줄 텐데, 그 한번의 기회를 잡기가 어려웠던 것이다. 고민 끝에 그는 무료 샘플을 제작해 사람들에게 배포하기 시작했다. 일명, '샘플만 써보면 알아요'라는 문구로 유명한 마케팅이 이때 등장한 것이다. 사람들을 찾아가 무료 샘플을 주고, 고객으로 확보하려는 그의 노력은 결국 지금의 참존화장품을 만드는 출발점이 되었다.

이렇듯 찾아가는 영업이란 고객에게 무엇을 받을까가 아니라 무엇을 줄까에서 시작해야 진심으로 전해진다. 고객의 돈을 뺏어오겠다는 것이 아니라 고객에게 돈 만큼의 가치를 전한다는 개념이 진정한 영업활동으로 이어진다. 사실 영업활동이란, 고객을 만나는 일이란 얼마나 어려운 일인가? 때로는 무섭고 떨리기까지 한다. 브로슈어 한 장, 카탈로그 한 권, 샘플 하나 전달하는 것조차 망설여질 때가 있다. 하지만 물건을 파는 데는 왕도가 있는 것이 아니다. 할 수 있다는 긍정적인 사고와 과감한 용기만이 필요할 뿐이다. 진정성을 갖고 움직이는 것 외에는 달리 뾰족한 수가 없으니 말이다.

누리플랜의 이상우 회장이 지금도 영업사원들에게 흔히 하는 이야기가 있다. "현장에 가서 보고 듣고 느끼고 냄새까지 맡아라!"라는 말이다. 현장의 냄새까지 맡으라니 얼핏 들으면 과장된 표현처럼 느껴진다. 그러나 그만큼 현장을 직접 찾아가 몸으로 느끼는 것이 중요하다는 얘기다. 이상우 회장은 제대로 된 영업을 위해 직접 전국 방방곡곡을 다녔다. 초짜 영업사원 시절에는 1년에 무려 10만km가 넘는 주행거리를 기록할 정도였다. 자동차 타이어를 교체한 것도 수십 번, 구두 밑창이 닳아서 버린 것만 해도 수십 켤레였다.

전통 시장과 슈퍼마켓을 주 거래처로 삼던 태광식품 김도백 사장이 롯데백화점 소공동 지점에 들어갈 수 있었던 이유도 이상우 회장의 경우와 일맥상통한다. 그는 백화점 담당자를 직접 찾아가 설득을 하며 한번만 기회를 달라고 했다. 이름도 없는 업체에서 더구나 생소한 제품을 팔게 해달라고 하니 백화점 측에서는 김도백 사장의 이야기를 듣고 난색을 표했다. 하지만 김도백 사장은 포기하지 않고 미숫가루와 선식이 앞으로 시장에서 먹힐 것이라며 설득에 설득을 거듭했다.

물론 영업활동이 반드시 신규 거래처를 확보하기 위한 활동만으로 국한되지는 않는다. 기존의 고객들을 관리하고 점검하는 것도 영업의 일환이 된다. 이와 관련해 좋은 본보기 사례로 꼽을 수 있는 것이 바로 본아이에프 김철호 대표이다. 그는 늘어난 가맹점들이 어떻게 운영되는지 살펴볼 참으로 전국 방방곡곡에 있는 가맹점들을 돌아다녔다. 그러던 중 가맹점마다 죽 맛이 조금씩 다르고 분위기도 조금씩 다르다는 것을 발견했다. 같은 브랜드를 달고 판매되는 제품인데 맛이 제각각이라면 매장을 찾는 손님들에게 프랜차이즈로서의 가치는 떨어질 수밖에 없다.

이에 그는 '가맹점의 수적인 증가를 경계하고, 질적인 관리에 힘을 쏟아야 할 때다!'라는 것을 깨닫고, 그 즉시 본죽 공식 품질 인증제도를 도입하게 된다. 죽에 들어가는 각종 원재료, 해산물, 소스, 곡물뿐만 아니라 쇼핑백과 포장용기, 테이블보 등을 표준화해 서울이든 부산이든 '본죽' 어느 지점을 가더라도 고객들이 한결같은 맛과 서비스, 분위기를 경험할 수 있게 하는 것이 인증제도의 핵심이었다. 이러한 체계화된 시스템은 본죽이 해외 시장을 개척하고, 제2 브랜드, 제3 브랜드를 추가적으로 론칭하는 성장 동력이 됐다.

우리는 흔히 열 번 찍어 안 넘어오는 나무는 없다고 말한다. 연애를 많이 해본 사람이 이성의 마음을 잘 아는 것과 마찬가지로, 영업도 하면 할수록 배짱도 좋아지고 실력도 는다. 많은 사람을 상대할 수 있는 두둑한 배짱은 내 가게를 운영하고 내 기업을 운영하는 사장님들이라면 꼭 가지고 있어야 할 필수 요소라 하겠다.

Step 06. 사업 아이템의 확장

사업을 하다 보면 위기도 수백 번 찾아오고, 그만큼 기회도 많이 찾아온다. 그럴 때마다 기업은 위기를 이겨내는 힘과 기회를 낚아채는 순발력으로 그 순간순간들을 헤쳐 나가야 한다. 대부분 기업이 경제적 위기에 허덕이게 되는 까닭은 탐욕과 무리한 사업 확장에서 비롯된다. 욕심이 많다 보니 무리하게 사업을 확장하게 되고, 자금이 부족한 상태임에도 무리하게 돈을 끌어 쓰다 보니 빚더미에 올라앉게 되는 것이다.

반면에 성공하는 기업과 장수하는 기업의 공통점에는 위기에 굴하지 않고 헤쳐 나가며 오히려 업그레이드의 기회로 삼는다는 불굴의 정신이 있다. 사업은 어떻게 성장시키는가보다 어떻게 위기를 이겨내느냐가 관건이라 해도 과언이 아닐 정도다.

단체급식전문기업을 운영하는 정기옥 회장은 처음 창업 후 30여 개 학교로 단체급식처를 늘리기까지는 매우 승승장구했다. 경험이 없는 분야에 진출했던 사례가 학부모와 학생들로부터 좋은 평가를 받으면서 또 다른 학교로 확장하는 일은 큰 문제가 없었다.

그러던 어느 날이었다. 날벼락 같은 일이 벌어졌다. 기본적으로 학교마다 위탁 운영되던 학교급식이 직영체제로 바뀐다는 법 개정 때문이었다. 그녀의 사업체는 아무 문제 없었지만, 일부 위탁급식 업체에서는 식중독과 같은 위생 문제가 종종 발생하곤 했다. 그 결과 학교급식의 위탁 운영을 반대하는 여론이 들끓게 되었다. 이에 결국 정부는 직영체제로 돌아선다는 방침을 내리게 된 것이었다.

이것은 그녀의 기업에 하루아침에 사형선고가 내려진 것과 같았다. 하던 사업을 모두 접어야 한다는 소리였고 정기옥 회장은 한순간에 70억 원대의 매출 손실을 봐야 하는 처지였다. 직원들은 모두 동요했고 그녀 역시 회사문을 닫아야 하나 고민되었다. 이미 많은 급식업체가 폐업을 선언하거나 영세업체로 전락하는 일이 벌어지며 시장은 한 마디로 아수라장이 되었다.

그때였다. 언젠가는 사업체급식 시장 진출을 대비해 모델 사업장으로 운영하던 도봉구청 구내식당 운영을 떠올렸다. '학교 급식을 접어야 한다. 사업을 접을 것인가, 말 것인가? 사업을 접지 않고 계속 간다면 방향을 선회하자. 사업체를 공략하자!' 정기옥 회장은 그날부터 사업체 시장을 뚫기 위해 밤낮으로 뛰었다.

비록 분야가 다른 학교급식 분야의 실적이 전부였지만 그 분야에서 쌓아온 노하우와 명성을 토대로 수주전에 뛰어들었다. 여성의 감성이 살아있는 경영과 엄마의 마음으로 운영한다는 그녀만의 장점을 강조하며 대형 사업체의 구내식당 수주를 줄줄이 따내게 된다. 학교급식을 접으며 손실을 입었던 70억 원대의 매출도 곧바로 회복세에 들어서게 된다.

만약 위기의 순간, 그녀가 사업을 접고 포기의 길로 들어섰다면 어떻게 되었을까? 그러한 갈등이 없었던 것은 아니었다. 그런데 그녀가 재도전을 하자고 마음먹은 것은 바로 그녀만을 바라보고 있던 직원들의 얼굴이었다. 보이지 않는 곳에서는 눈물을 삼켰지만, 직원들 앞에서는 "나를 믿어라!"라고 장담하며 다독였고 엄청난 중압감에도 그녀는 위기를 딛고 재기에 성공하게 된다.

인쇄용 잉크전문기업인 동양잉크를 운영하는 최대광 사장은 아버지에게 기업을 물려받은 2세 경영인이지만 누구보다도 성공적으로 기업을 이끌어온 것으로 잘 알려져 있다. 그가 회사의 요직으로 올라섰을 때, 그는 회사 곳곳의 혁신을 이끌고 담당했다. 회사는 큰 문제없이 지속적으로 성장을 이어갔다. 그러나 문제는 1990년대에 들어서면서 벌어졌다. 당시는 서서히 친환경에 대한 인식이 높아지던 시기였다. 잉크 산업은 환경오염 문제와 직결된 사업이었기 때문에 기업의 존재 이유에 대한 고민이 시작한 것이었다. 그의 방법도 역시 정면승부였다. 그는 곧바로 대두유 잉크와 친환경 잉크를 개발해 환경오염에 대한 이미지를 씻고 시장 개척에 나섰다. 국내시장만이 아니라 외국시장 진출에도 과감히 도전했다. 친환경에 대한 관심이 높은 외국에서 더더욱 호응이 좋았음은 물론이다.

이처럼 매출 200억 원대를 자랑하는 길천물산의 안희규 사장, 600억 원대의 매출을 자랑하는 누리플랜의 이상우 회장, 4,000억 원대의 매출을 자랑하는 본아이에프의 김철호 대표 모두가 건실한 중소기업의 CEO로 자리 잡을 수 있었던 이유는 '남들이 잘하는 것이 아닌, 내가 잘하는 것으로 승부를 보자!'는 한 우물 파기의 정신 덕분이었다.

길천물산 안희규 사장은 일회용 은박제품으로 쌓은 노하우로 직화 용기, 쿠킹호일 등으로 사업 영역을 확장했고, 누리플랜 이상우 사장은 EGI펜스에서 쌓은 노하우로 가설방음벽, 경관시설, EMP방호시설 등을 건설하는 데까지 사업 영역을 넓혔다. 본아이에프 김철호 대표도 마찬가지다. 본죽을 운영하면서 해외시장에 진출했던 그는 한식을 세계화시키겠다는 목표를 가지고 본비빔밥, 본국수대청 등으로 사업을 확장했다. 이들의 사업 확장이 성공적일 수 있었던 까닭은 회사가 가지고 있던 능력을 백분 활용할 수 있는 분야에 뛰어들었기 때문이었다. 즉, 다른 제품이지만 같은 핵심 역량을 가진 사업을 선택했기 때문에 이는 전혀 무리한 결정이 아니었던 것이다.

사업을 나무에 비유해서 설명하면, 핵심 역량이란 나무의 뿌리에 해당하고 핵심 사업은 몸통과 굵은 가지에 해당한다. 뻗어 나가는 가지는 사업 아이템을 확장시키는 단계를 뜻하며, 최종 제품은 나뭇잎과 꽃에 해당한다고 볼 수 있다. 그렇기에 핵심 역량은 기존 사업 분야뿐만 아니라 이를 활용한 새로운 분야의 사업까지 성공적으로 보장해주는 특성을 지니고 있다. 우리는 여기서 한 가지 교훈을 얻을 수 있다. 새로운 사업을 시도하고 싶다면, 회사가 가진 핵심 역량이 무엇인지 파악하는 작업이 선행되어야 한다는 것이다. 규모의 대소를 불문하고 회사의 핵심 역량을 찾아 이를 중심으로 사업구조를 재편성하는 과감함도 서슴지 말아야 한다.

특히 사업 아이템을 확장하고자 하는 시기는 창업보다 더 큰 용기가 필요한 때다. 어찌 보면 두렵고 무섭기도 하지만, 이미 한번의 성공을 맛본 터라 그 어떤 것도 두렵지 않은 상태에 있을 수도 있다. 이러한 위험천만한 시기를 어떻게 보내느냐에 따라 회사가 지속 가능한 기업으로 살아남을 수도 있고, 역사 저편으로 도태될 수도 있다. 만약 이 갈림길을 잘못 선택하게 되면 사업은 다시 원점, 처음부터다. 좋은 열매(최종 제품)를 얻기 위해서는 뿌리(핵심 역량)를 튼튼히 하는 작업을 절대 게을리하지 말아야 한다.

Step 07. 창조적인 기업문화를 만들어라

기업문화가 있는 기업과 기업문화가 없는 기업의 차이점은 이직률에서 극명한 차이가 난다. 기업문화를 이루고 있는 핵심 요소는 결국엔 사람인 까닭이다. 공통된 가치와 신념을 지닌 기업문화 속에서 일하는 직원들을 보면 늘 활기가 넘친다. 항상 스스로 일을 찾아서 하며 직원들의 얼굴에는 여유가 있다. 또한 그 여유는 무한한 창의적 욕구를 발생시키며 새로운 아이디어를 끊임없이 내놓게 하는 원천이 된다. 이런 직원들로 기업 또한 끊임없이 성장 동력을 얻고, 지속 가능한 경영의 기반을 다지게 된다.

기업문화란 기업의 행동규범을 창출하는 공유된 가치, 신념의 체계를 뜻한다. 각자의 생각대로, 제멋대로 움직이는 사람들의 집단이 아니라, 공유된 가치와 신념 아래에서 움직이는 집단은 그 스스로 주체가 되어 발전적인 기업, 좋은 기업문화를 만들어나간다.

기업이 직원들에 대한 투자를 아끼지 말아야 하는 이유, 직원들에게 끊임없이 기업의 비전과 방향을 제시해야 하는 이유는 여기에 있다. 문화는 개인에게 정체성과 소속감을 느끼게 해주고, 기업 혹은 단체의 공통된 행동규범과 가치를 만든다. 반면에 좋은 기업문화를 가지지 못한 기업은 이미 도태되고 있는 것과 다름없다.

아딸 프랜차이즈의 이경수 대표는 1호 매장을 처음 창업했을 때 가졌던 맛과 청결, 서비스라는 3대 정신을 하나의 기업문화로 이뤄내고 있다. 음식업 프랜차이즈라는 특성상 맛을 하나로 통일하는 것이야 당연한 일이겠지만 이를 철저히 지키고 문화로 정착시키는 일은 만만치가 않다. 이를 위해 이경수 대표는 창업 초기부터 철저한 매뉴얼 학습으로 예비창업자들에게 대동단결된 아딸의 문화를 전한다. 철저한 레시피 준수와 정직을 필수로 하는 매장 운영과 이를 정확히 지키도록 하기 위해 매뉴얼 시험을 거치고, 실무 교육을 거쳐 몸에 배인 습관으로 자리 잡히도록 한다.

기업문화의 중요성을 알고 있는 선진기업들은 일찍부터 좋은 기업문화 만들기에 많은 노력을 기울여왔다. 구글(Google)은 기업문화를 브랜드화한 좋은 사례이다. 구글러(구글을 이용하는 유저를 일컫는 말), 구글링(구글을 통해 검색하는 행동을 일컫는 말) 등의 신조어는 자유롭고 창의적인 기업문화가 브랜드화되어 나타난 말이다. 이러한 기업의 위상을 그대로 반영하듯 구글의 브랜드 가치는 4년 전부터 줄곧 1위를 차지하고 있고, 지난 몇 년간 다니고 싶은 직장으로 부동의 1위를 지키고 있다.

태광식품 김도백 사장도 롯데백화점에 진출하게 되면서 영업 사원들을 대거 채용했다. 백화점, 마트 등 전국 100여 곳이 넘는 곳에 직원들을 분산시켜야 하는 입장에 처하다보니 단합된 기업문화를 형성하는 데 어느 정도 한계를 느꼈다고 한다. 이에 김도백 사장은 영업전선에 나가있는 주부 사원들을 100% 정규직으로 고용하면서 그들에게 소속감을 심어주었다. 더불어 '건강 도우미'로 전문화된 교육을 주기적으로 받게 함으로써 전문인으로서의 직업의식도 높여주었다. 이는 결국, 회사에 대한 애사심과 충성도를 높여줌과 동시에 모든 직원들이 "나와 내 가족이 먹는 식품을 만든다"는 김도백 사장의 신념과 동일한 마음가짐으로 일하게 하는 원동력이 되고 있다. 또한 "많이 파는 만큼, 확실한 인센티브를 주겠다!"는 김도백 사장의 화끈한 인센티브제도도 직원들에게 큰 동기부여가 되고 있다. 따라서 제품 개발 수준도, 서비스 수준도 한 층 더 높아질 수밖에 없고, 고객 만족도도 덩달아 높아지는 것은 정말 당연한 이치다.

또한 리더의 일거수일투족, 회사의 비전은 모든 직원에게 귀감이 되고 그것은 다시 기업문화로 형성되기에 이른다. 중소기업이 대기업에게 좋은 인재를 계속 빼앗기게 되는 악순환의 고리를 끊고 싶다면 그 해결책은 문화 형성에 있다. 좋은 기업문화는 회사를 더욱 강력하게 만드는 핵심 DNA가 될 것이다. 그리고 여기서부터 성공하는 기업가의 결실이 맺어진다.

작은 매장을 운영하는 소상공인에게도 기업가정신은 반드시 필요하다. 지금껏 알아본 소상공인이 성공하는 7가지 법칙은 바로 거기에서 시작한다. 작은 매장도 기업의 경영법칙을 축소해 그대로 담고 있으며 직원 한 사람만 있어도 조직 운영의 법칙이 그대로 적용된다.

그리고 모두가 꿈꾸는 것은 바로 성공일 것이다. "꿈은 꾸는 만큼만 이루어진다"는 말처럼, 창업에 대한 원대한 꿈을 꾸는 것이 먼저다. 그리고 그것을 현실로 옮기기 위해서는 철저한 기업가정신으로 덤벼야 한다. 지고 못사는 정신력, 바꾸고 말겠다는 실행력, 반드시 배운다는 학습력. 이 세 가지를 똘똘 뭉쳐 자기 안에 내제화시킨

1	창업	기업가정신을 기반으로 창업을 한다.
2	사업 아이템 발굴	미래를 예측하거나 해외 벤치마킹으로 사업 아이템을 발굴한다.
3	제품 개발	고객이 깜짝 놀랄만한 최고의 제품을 개발한다.
4	개업	전략적으로 1호점을 열고, 직접 마케팅을 수행한다.
5	영업	친절로 손님 만족을 찾고, 발로 뛰는 영업으로 전방위 만족을 꾀한다.
6	사업 아이템 확장	성공 아이템을 기반으로 사업 아이템을 확장한다.
7	문화 정착	창조적 DNA를 심고 지속 가능한 발전을 꿈꾼다.

사람, 몇 번을 실패해도 다시 일어나는 끈질긴 도전의식을 가진 사람만이 성공적인 창업을 향해 나아갈 수 있다.

그러나 창업을 결심했어도 하고자 하는 아이템이 없으면 앙금 없는 찐빵이요, 김빠진 콜라와도 같다. 따라서 현재시장을 분석하거나 미래 시장을 예측하는 것, 국내외 시장을 벤치마킹하는 것 등을 통해 사업 아이템을 발굴하는 것이 그다음 단계여야 한다.

세 번째 단계는 기업의 생명줄과도 같은 단계인데, 바로 제품과 서비스를 개발하는 것이다. 워낙 유행이 빠르게 변화하는 시대고, 유사 제품들도 수도 없이 쏟아져 나오는 시대이기에 타 기업과 차별화되는 제품을 개발하는 것이 무엇보다 중요하다.

하지만 좋은 제품을 가졌더라도 좋은 위치에 가게를 선점하지 못하면 제품 구매력은 확연히 떨어지고 만다. 전략적으로 입지를 선정하고, 고객이 호감을 가질 수 있는 마케팅 기법으로 성공적인 개업을 이루어내는 것이 네 번째 단계다.

그다음 단계는 발로 뛰는 영업으로 전방위적인 고객 만족을 이끌어내는 것이 관건이다. 더욱 공격적인 영업 전략으로 과감하게 밀어붙이는 추진력이 요구되는 때가 바로 이 다섯 번째 단계다.

공격적인 영업으로 사업 아이템을 성공적으로 알렸다면, 이제는 성공한 아이템을 기반으로 사업 아이템을 확장하는 단계다. 이 시기를 어떻게 잘 보내느냐에 따라 회사가 지속 가능한 기업으로 살아남을 수도 있고, 역사 저편으로 도태될 수도 있기 때문에 무리한 사업 확장은 절대 경계해야 한다. 어쨌든 제품은 영원히 효과적인 상태로 살아남을 수 없기에 새로운 제품들을 끊임없이 연구하고 개발해야 한다.

마지막 단계는 아무리 '날고 긴다'하는 기업도 쉽게 이루기 어려운 단계이다. 바로 기업에 문화를 심는 일이다. 이는 기업의 백년대계를 꿈꾸는 CEO라면 반드시 해야 하는 단계이기도 하다. 문화는 한번 형성되면 웬만해선 없어지거나 무너지지 않는다. 그러므로 기업문화가 잘 형성되면 이것은 또다시 기업이 지속 가능한 경영을 할 수 있는 핵심 요소로 작용하게 된다.

이제껏 보아왔듯이 성공하는 사람들과 보통 사람들의 차이는 IQ 차이도, 유전자 차이도, 외모 차이도, 성적 차이도 아니다. 성공에 대해 얼마나 확고한 의지를 가지고 있느냐, 아니냐의 차이다. 또 생각한 것을 실제로 행동에 옮기느냐, 않느냐의 차이일 뿐이다. 성공하고 싶다면 선구자들의 성공법칙을 정확히 벤치마킹하라! 지금까지 설명한 일곱 가지 법칙에 따라서 말이다.